培育和践行
社会主义核心价值观读本

张友谊／主编

济南出版社

富强 民主 文明 和谐

自由 平等 公正 法治

爱国 敬业 诚信 友善

图书在版编目(CIP)数据

培育和践行社会主义核心价值观读本/张友谊主编.
—济南:济南出版社,2014.4(2024.2重印)
ISBN 978-7-5488-1230-2

Ⅰ.①培… Ⅱ.①张… Ⅲ.①社会主义建设—价值论—中国—学习参考资料 Ⅳ.①D616

中国版本图书馆 CIP 数据核字(2014)第 061696 号

出版策划 刘子文
责任编辑 戴梅海 朱向泓 朱 琦
封面设计 侯文英

出版发行 济南出版社
地 址 济南市二环南路 1 号
邮 编 250002
电 话 0531-86131727(编辑部)
0531-86131730(市场部)
印 刷 山东百润本色印刷有限公司
规 格 635×960 毫米 1/16
印 张 12.25
字 数 170 千
版 次 2014 年 4 月第 1 版
印 次 2024 年 2 月第 2 次印刷
定 价 49.80 元

《培育和践行社会主义核心价值观读本》

编 委 会

序

李士坤

自从党的十六届六中全会提出社会主义核心价值体系以来，宣传解读社会主义核心价值体系和社会主义核心价值观的文章、书籍大量涌现，反映了我国学界对价值观问题的重视。这是很有意义的。

当今世界并不太平，在政治、经济、科技、文化、军事等领域都存在着激烈的较量和尖锐的斗争，其中文化越来越成为一个国家强基固本的重要因素，文化软实力越来越成为一个国家综合国力的重要组成部分。因为价值观是一切文化的灵魂，所以文化软实力的较量归根到底是价值观的较量。一个国家、一个民族能否立足于世界，不仅取决于它的“硬实力”（经济、科学技术、军事等），而且也取决于它的“软实力”（政治、文化、道德等），文化作为软实力，其核心是价值观。这是我们党提出要重点建设社会主义核心价值观的重大意义之所在。

从国内来看，我国正在沿着中国特色社会主义道路向现代化国家迈进，文化软实力是建设现代化国家的重要内容，而价值观是文化软实力建设的重点。党的十八大提出“倡导富强、民主、文明、和谐，倡导自由、平等、公正、法治，倡导爱国、敬业、诚信、友善，积极培育和践行社会主义核心价值观”。这3个“倡导”24个字，从国家、社会、公民个人3个不同层面阐述了社会主义核心价值观的价值目标、价值取向和价值准则。这3个层面虽各有侧重，然而又是有着内在联系的整体，它们一起构成了科学、完整的社会主义核心价值体系，是对社会主义核心价值观的高度概括和提升。

中国特色社会主义道路，中国特色社会主义理论体系，中国特色社会主义制度，是中国共产党和中国人民90多年来奋斗、创造、积累的根本成就，弥足珍贵。社会主义核心价值观是理论自信的灵魂，道路自信的根据，制度自信的保证。社会主义核心价值观是掌握意识形态领导权和主导权、坚持正确导向的最有力的利器，是团结、凝聚13亿中国人齐心协力实现中华民族伟大复兴的中国梦的精神伟力。

为了充分发挥社会主义核心价值观的作用，必须在培育和践行社会主义核心价值观方面狠下功夫，通过宣传教育、舆论引导、文化熏陶、制度保障、实践养成等途径，用生动活泼、灵活多样的形式，让社会主义核心价值观融入社会生活的方方面面，使人们真切地感悟它，接受它，变成一种自然的生活态度和自觉的处事做人的行为方式，内化于心，外化于行。培育和践行社会主义核心价值观的过程就是我国人民道德水平提高的过程，就是中华民族进一步文明化的过程。

培育和践行社会主义核心价值观是我们党的一项伟大的工程，具有深远的历史意义和重大的现实意义。每一个共产党员、每一位公民都应当自觉为这一伟大工程添砖加瓦。为了有助于这项工作的开展，我郑重地向读者推荐由张友谊教授主编的《培育和践行社会主义核心价值观读本》一书。

我的朋友张友谊教授告诉我，他们编写此书的宗旨，就是为了向在校大学生等广大青年和干部提供一本通俗易懂的关于社会主义核心价值观方面的书。目前社会上关于社会主义核心价值观方面的论著不在少数，但以通俗易懂、贴近大学生和青年干部为宗旨的书，此书或许占了头筹。

此书最大的特点，我以为是一个“新”字，它编写于党的十八大和十八届三中全会之后。众所周知，党的十八大尤其是十八届三中全会以来，我们党的中国特色社会主义理论体系有了重大的充实和新的发展，其中党的十八大报告对社会主义核心价值观所作的三个“倡导”，更是对社会主义核心价值观的新的阐发和提炼，把社会主义核心价值观提高到一个崭新的水平。这本书就是对这一提炼后的社会主义核心价值观的解读，书中许多内容是以往论述社会主义核心价值观的著作中所没有的。

这个读本的新还表现在，它比较完整地把习近平总书记十八大以来关于社会主义核心价值观方面的讲话和论述介绍了出来，并加以详细的说明和深入的解读；把习近平总书记提出的实现中华民族伟大复兴的中国梦融入社会主义核心价值观之中，使我们对理解、建设、培育和践行社会主义核心价值观的重要性有了新的认识。

这本书是简要的，但并不贫乏，而是有着丰富的内容。书中对有些问题、概念的阐发和论述涉古通今，言及中西。读来使人眼界大开，增长知识。

这本书是通俗的，但并不肤浅。对价值、价值观，社会主义核心价值体系和社会主义核心价值观以及二者之间的关系，都作了颇有力度的论述，对于3个“倡导”提到的24个字逐一给出了精到的解读，既新颖又具有良多趣味，读来使人悦心畅怀。

这是一本贴近大众、贴近实际的书。书中提到的许多事和许多人就在我们的现实生活中，有的就在我们身边。这些人和事对于一般老百姓来说，都耳熟能详，叙说出来使他们感到亲切、真实、可信。这就极大地提高了该书的可读性和深刻性，让人们在不知不觉中，能领悟社会生活的哲理，这才是真正的深刻。

本书对于如何培育和践行社会主义核心价值观，不是停留于空乏的议论，而是提出了具有操作性的意见。这些意见不是主观想象出来的，而是在掌握了当前我国社会在贯彻落实社会主义核心价值观过程中存在和产生的问题的基础上提出来的，具有极强的针对性。它鼓舞人们趁着活生生的现在而行动起来！

这是一部启迪人生的书。价值观是人生观的重要组成部分，人生是实在的，人生是真切的。什么是实在真切的人生？什么是有价值的人生？不是单纯地享乐，也不是孤独地受苦，更不是怨天尤人，而是行动和创造，迈出新的步伐，让每个明天都超过今天。太阳之所以光焰无际，就在于它每天都是新的。

以上是我阅读完该书的收益和感悟，虽然浅薄，仍愿与广大读者切磋、分享。

是为序。

2014年3月23日　于北京回龙观龙禧苑

（作者系北京大学马克思主义学院教授、博士生导师，中国历史唯物主义学会副会长）

目 录

第一章 社会主义核心价值观与核心价值体系

从2006年10月党的十六届六中全会明确提出建设社会主义核心价值体系，到2012年11月党的十八大提出积极培育和践行社会主义核心价值观，中间经过了六年的时间。党和政府坚持不懈地研究和探索，学界和社会深入地思考和研究，都使得社会主义核心价值体系与社会主义核心价值观及其两者的关系逐渐明晰，对它们的认识也越来越深刻。

一、核心价值观概说

社会主义核心价值观的提出，也使人们对价值、价值观、核心价值观这些范畴产生了兴趣。什么是价值？什么是价值观？什么是核心价值观？什么是社会主义核心价值观？这一系列的问题接踵而来。而这些问题的解决，是认识社会主义核心价值观的前提。

（一）价值

什么是价值？人们对它从不同角度进行认识，大致有“本性说”“情感说”“关系说”“意义说”“需要说”“属性说”“效用说”，等等，不一而足。用非常浅显的日常用语来说，价值实际上就是我们平常说的“好坏”，包含善恶、美丑、利弊、得失、祸福、荣辱、优劣、贵贱、有用无用、可爱可恨、妥不妥当、值不值得、应该不应该、重要不重要、轻重缓急等。世界上凡是可以用“好坏”来加以叙述并含有取舍意味的对象，就是价值。通俗地讲，价值就是客体对主体的意义。意义越大，价值就越大；意义越小，价值就越小。主体和客体是哲学范畴。主体就是从事认识和实践活动的人，而客体则是被纳入到主体认识或实践领域的事物、思想或人。主体是认识和实践活动的发起者，而客体则是认识和实践活动的对象。从主体与客体的关系出发来认识和理解价值，价值的涵义就凸现出来了。

价值是怎么产生的呢？马克思对这个问题作了科学的解释："'价值'这个普遍的概念是从人们对待满足他们需要的外界物的关系中产生的。"① 这就说明，价值的形成源于人们的需要，价值形成的条件是因为客体具有满足主体需要的属性，价值是一种关系性范畴。只有在主体和客体的关系中才能体现出价值，也就是说，客体的属性只有满足了主体的需要，价值才表现出来，单从客体的属性或主体的需要都无法看到价值的存在。价值具有客观性，因为价值是客体的属性同作为主体的人的需要之间形成的一种客观现实的关系，它的客观性是不言而喻的；同时，价值又具有主观性，它是人在思想中能够感受到的。

价值的形式、类型千差万别，复杂多样，可以根据不同特点、标准进行分类。

一是根据效应或性质不同，价值可分为正向价值与负向价值。正向价值是客体满足了主体合理需要、对主体产生积极效应的属性，它有助于主体的生存、发展和享受，积极的价值、合理的价值、正义的价值、肯定的价值，都属于正价值的范围；负向价值则是客体破坏主体身心的属性，消极的价值、不合理的价值、非正义的价值、否定的价值都属于负价值的范围。

二是根据作用主体类型的不同，价值可分为个体性价值、集体性价值和社会性价值。这又分为两方面。其一是事物对不同主体的作用，个体性价值是指事物对于个人所产生的价值，集体性

---

① 《马克思恩格斯全集》第 19 卷，人民出版社，1963 年版，第 406 页。

价值是指事物对于集体所产生的价值，社会性价值是指事物对于社会所产生的价值。其一是不同主体所展现的作用，个人性价值是指个人所产生的价值，集体性价值是指集体所产生的价值，社会性价值是指社会所产生的价值。

三是根据作用事物类型的不同，价值可分为真、善、美和利四种。真类价值是指思维性事物对于主体所产生的真实无妄价值；善类价值是指行为性事物（如行为、行为规范等）对于主体所产生的道德价值；美类价值是指客观事物对于主体所产生的审美享受价值；利类价值是指客观事物对于主体所产生的有用性。

四是根据主体需要类型的不同，价值可分为物质价值和精神价值。前者是满足主体物质需要的价值；后者是满足主体精神文化需要的价值。根据载体类型的不同，价值可分为物质的价值和精神的价值。前者是客观物质所具有的价值；后者是精神文化所生成的价值。

五是根据作用和地位的不同，价值可分为目的性价值和工具性价值。目的性价值用以表示存在的理想化终极状态或结果，包含的内容有：舒适的生活、成就感、和平的世界、美丽的世界、平等、家庭保障、自由、幸福、内心平静、成熟的爱、国家安全、享乐、灵魂得到拯救、自尊、社会承认、真正的友谊、智慧等等。工具性价值是达到理想化终极状态所采用的行为方式或手段，包含的内容有：有抱负、心胸宽广、有才能、整洁、勇敢、助人、诚实、富于想象、独立、有理智、有逻辑性、钟情、顺从、有教养、负责任、自控、仁慈等。

此外，根据价值层次的不同，价值又可分为温饱类价值、安全与健康类价值、人尊与自尊类价值和自我实现类价值四大类；根据作用于社会领域的不同，价值可分为经济类价值、政治类价值和文化类价值；根据个人作用过程的不同，价值可分为生活资料价值和生产资料价值；根据作用效果的不同，价值可分为生存类价值和发展类价值；根据表现方式的不同，价值可分为显性价值和隐性价值；根据作用方式的不同，价值可分为直接性价值和间接性价值；根据作用时间范围的不同，价值可分为眼前性价值和长远性价值；根据作用空间范围的不同，价值可分为局部性价值和整体性价值；按其程度而言，价值可以分为不同的等级，如非常大的、较大的、不太大的等等；按其层次而言，价值可以分为内在的价值和外在的价值；按其社会功用而言，可以分为政治价值、经济价值、文化价值、社会价值、生态价值等等；根据价值观的政治属性，价值观又可以分为社会主义价值观、资本主义价值观、封建主义价值观等等；根据价值观与时代的关系，可以把价值观分为传统价值观、当代价值观。

（二）价值观

价值观就是头脑中关于价值的观点或认识。具体点说，价值观就是人们关于客体的基本观点或总的看法。它表现为人们对客体的相对稳定的信仰、理想、信念，影响着人们对客体的价值判断和价值取向。价值观的内容丰富，结构复杂，它一方面表现为价值取向、价值追求，并形成一定的价值目标，另一方面表现为价值尺度、价值标准，成为主体判断客体有无价值或价值大小的认知模式。从宏观上看，价值观是一个文化体系的内核、灵魂，代表着这个文化体系的价值判断、价值取向和价值标准；从微观上看，价值观是人们心中比较深层的信念系统，在人们的社会活动中起着导向作用，成为人生中的价值取向、价值判断和价值标准。

价值观具有以下重要特征：

第一，社会性和历史性。价值观的社会性和历史性都说明价值观是在一定的社会历史条件下产生的，是在一定的社会历史条件下形成的。在不同历史时代、不同社会生活环境中，形成的价值观都是不同的。建立在阶级、民族等多元化现实基础之上的价值观，必然是多元的。一个人降生到世界上，就注定生活在一定的社会之中，他的价值观是在家庭和社会的影响下逐渐形成的。一个人在一定的社会生产方式中所处的经济地位，对他的价值观的形成具有决定性的影响，周围的环境与人际交往、家庭的培养、学校的教育，都会对价值观产生一定影响。报刊、电视和广播等媒体宣传的观点以及父母、老师、朋友等人的观点与行为，对一个人的价值观也有不可忽视的影响。

第二，稳定性和持久性。价值观固然需要很长时间的塑造才能完成，但价值观一旦形成之后，它又具有稳定性和持久性。在特定的时间、地点、条件下，人们的价值观总是相对稳定和持久的。比如，人们在社会活动中形成了对某个问题的一定认识和看法后，在比较长的一段时间里是比较难以改变的。个人的价值观一旦确立，便具有相对稳定性。但就社会和群体而言，由于社会环境的变化，社会或群体的价值观念又是不断变化着的，传统价值观念会不断地受到新价值观的挑战。

第三，主观性和内在性。价值观虽然是对客体的认识、评价的观点，但究其形式来说，它还是人的一种内在的主观形式。判断客体的真与假、是与非、好与坏、善与恶、美与丑，是根据人内心的标准、尺度来衡量的。在这里，人心是一杆秤，是一架天平，根据它来对客体进行评价和判断。

第四，理想性和愿景性。作为一种价值观，它的指向更多的是未来。虽然它必须有实然的成分作为存在的依据，但其中相当一部分内容属于应然的成分。它把价值目标融合到价值判断中来，使得价值观把应然和实然统一起来、理想和现实统一起来。

价值观与世界观、人生观联系非常密切。世界观是人生的总阀门，是关于世界的根本观点和基本观点。世界观决定了人生观、价值观，有什么样的世界观，就有什么样的人生观和价值观。对于人生价值的观点，就是人生价值观，是人生观的重要内容，也是价值观必须回答的问题。世界观、人生观、价值观是一个系统整体，它们要回答的是关于世界、人生、意义的大问题。不能割裂世界观、人生观、价值观的联系，把三者各自独立起来。割裂三者关系的做法，必然会影响人们对世界、对人生、对事物的整体认识。价值观的主体可以是个人，也可以是集体、政党、民族、国家。根据价值观主体的不同，可以把价值观分为个人价值观、集体价值观、政党价值观、民族价值观、国家价值观。

价值观对人们自身行为的定向和调节起着非常重要的作用。价值观是一种内心尺度，决定人的自我认识，直接影响和决定着一个人的理想、信念、生活目标和追求方向的性质，支配着人的行为、态度、信念、理解等，支配着人认识世界、明白事物对自己的意义和自我了解、自我定向、自我设计等，也为人自认为正当的行为提供充足的理由。价值观的作用大致体现在以下三个方面：一是导向作用，它是决定人的行为的心理基础；二是认知作用，它作为人们对客观世界及行为结果的评价和看法，从某个方面反映了人的主观认知世界；三是规范作用，它不仅使具有自由意志的个人能够整合成为有序的社会，还直接调节人们的日常生活实践。

（三）核心价值观

根据对诸事物的看法和评价在心目中的主次、轻重的排列次序，价值观构成了层次有序的体系，可以分为核心价值观、基本价值观或一般价值观。在一个社会价值体系中，各种价值观所处的地位是不同的，有的价值观处在主导地位，起着核心、统领的作用，有的价值观则处在从属的地位，起着非核心、被统领的作用。核心价值观就是指在一个社会价值体系中处在主导地位的，起着核心、统领作用的价值观。每个社会都有自己的核心价值观，比如中国几千年的封建社会，其核心价值观是以仁、义、礼、智、信为基本内容的儒家思想；在社会主义社会，核心价值观则是：富强、民主、文明、和谐，自由、平等、公正、法治，爱国、敬业、诚信、友善。核心价值观深深地植根于一个社会的内部，成为一个社会的价值理念、价值导向、价值标准，也必然体现在政治、经济、文化、道德等所有方面。作为一个共同体，也有自己的核心价值观。该价值观是这个共同体的根本信念的体观，对这个共同体的其他价值观起着引领作用。比如，企业的核心价值观，就是一个企业所具有的根本信念，它是解决企业在发展中如何处理内部和外部矛盾的一系列原则和价值标准，影响着企业对市场、对客户、对员工的看法或态度，影响企业如何生存、如何发展。作为个人，他的核心价值观就是在他头脑里众多的价值观中最根本的价值观，它起着统领其他价值观的作用。比如，一个人的核心价值观是诚信，他就会以诚信为主导，作出他的价值判断，在行为中表现出对诚信这一价值观的尊崇、遵从。

归结起来，核心价值观具有以下几个方面的特征：

第一，主导性。所谓主导性，就是核心价值观对其他价值观是起着主导作用的。一个社会、一个共同体、一个个人，都会有诸多的价值观，有的属于核心价值观，有的属于一般价值观。核心价值观对于那些非核心的、一般的价值观来讲，它所处的地位是主导地位。当核心价值观与非核心的、一般的价值观发生冲突、价值取向不同时，核心价值观就开始发挥作用，使非核心的、一般的价值观从属于核心价值观。

第二，统领性。所谓统领性，这里有统一、引领的意思。也就是说，核心价值观具有很强的凝聚力和统摄力，它能够把处在它周围的其他价值观吸引过来，统摄到自己的核心圈里来，朝着一个共同的目标前进。

第三，认同性。核心价值观具有普遍意义，在社会上应当具有很高的认同性。无论是国家的核心价值观，还是企业的核心价值观或个人的核心价值观，无论在内部还是在外部，它们都有很高的认同性。在外部，这种认同性来自于同一层次或更高层次的同意、认可和赞许；在内部，这种认同性来自于内部成员或元素的同意、认可和赞许。

（四）社会主义核心价值观

社会主义核心价值观是中国人民在建设社会主义实践中形成和发展起来的，也是在同各种不同的价值观的碰撞、选择中逐步确立起核心地位的，它反映了中国人民在改革开放和社会主义现代化实践中的价值取向，从深层次上回答了科学社会主义的本质属性。

一个存在多元价值取向的社会，需要与经济、政治制度相适应，并能够形成广泛共识的核心价值观，为社会提供正确的价值理念，凝聚社会力量，指引社会的发展方向。社会主义核心价值观就是在中国特色社会主义实践中形成并确立起来的价值理念，它是在同封建主义价值观、资本主义价值观等形形色色的价值观的斗争中发展起来的。当然，社会主义核心价值观也从人类文明的发展中吸收了许多积极的、合理的因素。比如，中国古代儒家思想的核心价值观，其核心内容可以概括为“仁、义、礼、智、信”，在剔除其中的封建统治思想因素的基础上，有一些内容是可以为社会主义核心价值观所借鉴的。再如，资本主义社会几百年的发展中所形成的“自由、平等、博爱、民主、人权”的核心价值观，虽然为资产阶级作为统治阶级欺骗广大人民所使用，但作为人类文明的优秀成果，其中有许多合理的因素，因此也可以为我们建构社会主义核心价值观所借鉴。总之，社会主义核心价值观是在与各种不同价值观的冲突、斗争中不断发展的，也是在积极借鉴人类优秀文明成果的基础上形成的，离开了人类文明这棵大树，社会主义核心价值观就成了无源之水、无本之木。

党的十八大报告是从国家、社会、个人三个层面对社会主义核心价值观进行概括的，这种提炼方法层次性很强，科学地反映了社会主义核心价值观的客观内容。从国家层面概括是：富强、民主、文明、和谐；从社会层面概括是：自由、平等、公正、法治；从个人层面概括是：爱国、敬业、诚信、友善。从国家、社会、个人三个层面揭示社会主义核心价值观，明确了社会主义的价值目标、价值导向和价值准则，反映了中国人民的共同价值诉求和价值信念，带有鲜明的中国特色社会主义特色。

二、社会主义核心价值体系的内涵和特征

2006年10月，在党的十六届六中全会上，提出了建设社会主义核心价值体系的命题，对其内涵作了全面的论述和深刻的阐释。而在社会主义核心价值体系提出的八年当中，无论是理论界还是学术界，都对社会主义核心价值体系作了深入、广泛的探讨。究竟什么是社会主义核心价值体系？社会主义核心价值体系与社会主义核心价值观是什么关系？在理论界、学术界的共同努力下，我们今天终于搞明白了它们之间的关系。这对于我们培育和践行社会主义核心价值观、建设社会主义核心价值体系，都具有不可低估的重要意义。

（一）社会主义核心价值体系的基本内涵

核心价值体系是一个庞大的系统整体，它是“由一定社会崇尚和倡导的思想理论、理想信念、道德准则、精神风尚等因素构成的社会价值认同体系”①。这里所谓的价值体系，是指一个社会中的价值目标、价值追求、价值评价和价值取向等与价值密切相关的系统。在这个系统中，它所包括的既有指导思想、理想信念，又有文化精神和道德准则，可以说包括了一个社会意识形态中最核心的内容。社会主义核心价值体系是中国特色社会主义建设中形成的包括指导思想、理想信念、文化精神、道德准则在内的社会价值认同系统。正如党的十七大报告所指出的：“社会主义核心价值体系是社会主义意识形态的本质体现。”社会主义核心价值体系究其本质来讲，是社会主义社会的上层建筑部分，具体地讲是社会主义意识形态的内容，而这一内容是由社会主义经济基础所决定的。作为社会主义价值体系，它是中国特色社会主

① 宋惠昌，《浅论社会主义核心价值观》，《思想政治工作研究》，2008年第9期。

义的价值取向和价值目标的集中表现，是中国特色社会主义的内在精神和生命之魂，它引导着中国特色社会主义的发展模式、制度体制和目标任务。在中国改革开放和社会主义建设中，所有的价值目标、价值取向，都是由社会主义核心价值体系所决定的。

党的十六届六中全会在提出社会主义核心价值体系的同时，明确提出了“马克思主义的指导思想、中国特色社会主义的共同理想、以爱国主义为核心的民族精神和以改革创新为核心的时代精神、社会主义荣辱观”是社会主义核心价值体系的基本内容。

第一，马克思主义的指导思想。马克思主义创立于19世纪40年代，它是在批判和继承德国古典哲学、英国古典政治经济学和法国空想社会主义基础上创造的。马克思、恩格斯是马克思主义的创始人。随着马克思主义的诞生，越来越多的无产阶级和劳动人民群众以马克思主义为思想武器。无产阶级的革命实践也反复检验了马克思主义的真理性。马克思主义作为科学的世界观和方法论，在无产阶级和广大劳动人民的实践中也越来越显示出它的精神力量。列宁领导俄国人民，创造性地把马克思主义普遍真理与俄国的实际相结合，第一次在世界上把社会主义从理想变成现实。1921年中国共产党成立后，自觉地以马克思主义基本原理为指导，在中国实现了两次重大的飞跃。第一次是把马克思主义基本原理与中国革命的实际相结合，创造性地走出了一条“农村包围城市、最后夺取城市”的中国革命的道路，取得了中国革命的伟大胜利，推翻了压在中国人民头上的“三座大山”。第二次是把马克思主义的基本原理与中国建设的实际相结合，创造性地走出了一条有中国特色的社会主义道路，使中国走上了一条“富强、民主、文明、和谐”的道路。中国革命和中国建设的实践证明，只有坚持马克思主义的指导思想，我们才能沿着正确的道路前进。当今中国，中国特色社会主义是马克思主义中国化的最新成果，是当代中国的马克思主义。动摇了马克思主义在中国的指导地位，也就动摇了中国特色社会主义的理论根基，就会导致社会动荡，思想混乱，使人民失去前进的旗帜。

第二，中国特色社会主义共同理想。中国走上社会主义道路，是历史的选择，人民的选择。建设中国特色社会主义，这是中国人民在中国共产党的领导下，经过几十年的艰苦探索，才找到的一条救国救民的道路。在新民主主义革命时期，中国共产党提出将中国建设成为一个独立、自由、民主、统一、富强的新中国的理想，凝聚了人心，最后取得了新民主主义革命的胜利。改革开放以后，党的十二届六中全会通过的《中共中央关于社会主义精神文明建设指导方针的决议》中指出："建设有中国特色的社会主义，把我国建设成为高度文明、高度民主的社会主义现代化国家，是现阶段我国各族人民的共同理想。"党的十三大确定了在社会主义初级阶段我国各族人民的共同理想是把我国建设成为富强、民主、文明的社会主义现代化国家；党的十六大确定了全面建设小康社会的理想目标。党的十六届六中全会强调，中国特色社会主义共同理想是在中国共产党领导下、走中国特色社会主义道路、实现中华民族的伟大复兴，进一步把党和全国各族人民的共同理想概括为建设富强、民主、文明、和谐的社会主义现代化国家。理想体现了广大人民群众对美好社会的向往和追求，是一个国家、一个民族的价值目标，是推动社会向前发展的重要精神动力。中国特色社会主义的共同理想反映了我国人民的共同愿望、利益和要求，得到了最广泛的认同和拥护，是全国各族人民团结奋斗的强大动力，是实现中国梦的必由之路。中国特色社会主义的伟大实践充分证明，这一理想不仅具有巨大凝聚力、号召力，而且在现实中发挥出巨大的推动力。经过改革开放三十多年的中国特色社会主义实践，我国以每年国内生产总值平均9%以上的速度向前发展，目前已经成为世界第二大经济实体，在世界的政治、经济、文化方面发挥着巨大的影响和作用。在中国特色社会主义共同理想的引导下，实现中华民族伟大复兴的中国梦越来越具有现实性。

第三，以爱国主义为核心的民族精神和以改革创新为核心的时代精神。民族精神是一个民族在长期的共同生活和社会活动中逐渐形成的心理特征、思想品格、价值取向、道德规范、精神风貌的总称，它是一个民族文化的基本内核，代表着这个民族的典型品格，是一个民族的精神支柱，为本民族的成员所认同、接受。民族精神具有强大的聚合作用，能团结人民、凝聚人心，是一个民族赖以生存和发展的精神力量，是民族进步和发展的动力源泉。有无高昂的民族精神，是衡量一个国家综合国力强弱的重要标志，是一个民族是否具有凝聚力、向心力和创造力的集中体现。中华民族具有悠久的历史，在中华民族五千多年历史中，中华民族逐渐形成了以爱国主义为核心的团结统一、爱好和平、勤劳勇敢、自强不息的伟大的民族精神。中华民族精神是全国各族人民奋发进取的精神支柱，是中国传统文化生生不息、薪火相传的血脉。时代精神是一个时代所特有的，体现民族特质、顺应时代潮流的思想观念、价值取向、精神风貌、社会风尚的总和。不同的时代，会有不同的时代精神。在我国，革命战争年代，中国共产党培育和形成了井冈山精神、长征精神、抗战精神、为人民服务精神。新中国成立以后，中国共产党培育和形成了“自力更生、艰苦创业、勤俭建国、团结奋斗”为核心的抗美援朝精神、铁人精神、雷锋精神、焦裕禄精神、“两弹一星”精神、抗洪救灾精神。改革开放以来，中国共产党培育和形成了解放思想、实事求是的精神，紧跟时代、勇于创新的精神，知难而进、一往无前的精神，艰苦奋斗、务求实效的精神，淡泊名利、无私奉献的精神。以改革创新为核心的时代精神，是推动社会发展的强大精神动力，是中国改革开放和社会主义现代化建设的强大精神动力。民族精神与时代精神是紧密联系在一起的，民族精神为时代精神的形成奠定坚实的基础，而时代精神是新时期民族精神的具体表现。两者都是社会主义核心价值体系中文化精神的重要内容。

第四，社会主义荣辱观。荣辱观是人们对荣誉和耻辱的根本观点和基本看法，是道德观的具体体现。社会主义荣辱观，就是在社会主义社会中对什么是荣、什么是耻的基本看法和根本观点。胡锦涛在2006年3月曾经代表中国共产党人概括和提出了以“八荣八耻”为主要内容的当代社会主义荣辱观：“以热爱祖国为荣，以危害祖国为耻；以服务人民为荣，以背离人民为耻；以崇尚科学为荣，以愚昧无知为耻；以辛勤劳动为荣，以好逸恶劳为耻；以团结互助为荣，以损人利已为耻；以诚实守信为荣，以见利忘义为耻；以遵纪守法为荣，以违法乱纪为耻；以艰苦奋斗为荣，以骄奢淫逸为耻。”社会主义荣辱观是社会主义道德的基本要求，也是每一个社会主义社会中的公民必须遵循的道德规范，成为社会主义核心价值体系中道德方面的基本内容。社会主义荣辱观把中华民族的传统美德与中国共产党领导人民长期奋斗中形成的道德、社会主义建设时期所形成的道德紧密地结合起来，成为当今社会生活中确定价值取向、对行为作出道德判断的基本准则。

在社会主义核心价值体系这四个方面中，马克思主义指导思想处在首位，因为它是中国共产党人经过艰苦探索才得到的一条非常宝贵的经验，失去了马克思主义的指导，我们就会失去旗帜和方向。中国特色社会主义共同理想是对中华民族未来发展前景的美好愿望，是中国人民的共同追求，也是凝聚国人的精神力量。以爱国主义为核心的中华民族精神和以改革开放为核心的时代精神是中华民族的动力源泉和精神支柱。以“八荣八耻”为主要内容的社会主义荣辱观，是中华民族文化精神在道德方面的具体体现，它融合了中华民族的传统美德、优秀革命道德和社会主义建设时期形成的公民道德，为社会主义公民提供了可遵循的道德规范。这四个方面既有侧重又紧密联系，内容丰富、层次分明、逻辑严谨、结构合理，形成一个统一的系统的整体。

（二）社会主义核心价值体系的基本特征

社会主义核心价值体系是社会主义意识形态的本质表现，是我国社会主义社会指导思想、理想信念、精神风貌、道德规范的综合体现，是凝聚人心、鼓舞士气、催人奋进的精神旗帜。科学理解社会主义核心价值体系，还需要把握其基本特征。社会主义核心价值体系的基本特征概括如下：

第一，主导性。改革开放以来，我国社会进入到一个转型期，我国社会经济成分、组织形式、利益关系和分配方式日趋多样化；各种思想文化激烈碰撞，各种价值观互相激荡，人们的价值选择、价值取向呈多元化、多样化的发展趋势。在同一社会中，虽然可以同时存在着多种文化思想、价值取向，但必须有统一的指导思想、理想信念，这是不容置疑的。否则，这个社会的发展就会没有方向，没有主心骨。马克思主义指导思想、中国特色社会主义的共同理想、以爱国主义为核心的民族精神和以改革创新为核心的时代精神、社会主义荣辱观作为基本内容的社会主义核心价值体系，旗帜鲜明地坚持了一元化的指导作用，把文化的一元与多元统一起来，把主导性与多样性统一起来，充分发挥了其引领作用和带动作用，成为建设中国特色社会主义的重要精神力量。

第二，民族性。社会主义核心价值体系植根于中华民族的沃土中，反映了中华民族深层的价值追求和对未来的价值取向，表达了中国广大人民群众的深切愿望并得到他们的高度认同。社会主义核心价值体系的这种鲜明的民族特色和广泛的人民基础，使得其民族性的特点非常突出。诚然，马克思主义是关于自然界、人类社会和人类思维发展的普遍规律的学说，是科学的世界观和方法论，具有世界性和普遍性。但是，马克思主义不仅包含马克思、恩格斯、列宁等经典作家所创造的理论，同时也有中国共产党人根据中国的国情，把马克思主义普遍原理与中国实际结合起来，对马克思主义的创造性发展。马克思主义中国化就是把马克思主义基本原理与中国实践相结合所实现的伟大飞跃，是民族性和世界性的统一。毛泽东思想、邓小平理论、“三个代表”重要思想和科学发展观，都是中国化了的马克思主义，具有鲜明的中国风格和中国气派，民族性是显而易见的。中国特色社会主义的共同理想是社会主义的普遍原理与中国实际的结合，是矛盾普遍性与矛盾特殊性的辩证统一、一般与个别的辩证统一，其民族性也是不言而喻的。以爱国主义为核心的中华民族精神是在中国几千年的文化演进中逐渐形成的，以改革开放为核心的时代精神是在中国改革开放的实践中形成的，是中国民族意识、民族心理、民族品格的集中表现。以“八荣八耻”为主要内容的社会主义荣辱观集中地体现了中国传统道德和社会主义道德的要求，具有浓厚的民族性，同时也是人类文明发展的共性。

第三，系统性。社会主义核心价值体系是一个系统整体，在这个系统整体中，马克思主义指导思想、中国特色社会主义共同理想、以爱国主义为核心的民族精神和以改革创新为核心的时代精神、社会主义荣辱观，这四个部分紧密联系、互相作用，形成一个统一整体。所谓价值体系，就是由各种价值观组成的一个系统，而不是单一的某一个价值观。在社会主义核心价值体系中，马克思主义指导思想是社会主义核心价值体系的灵魂，决定了社会主义核心价值体系的性质和方向；中国特色社会主义共同理想是社会主义核心价值体系的主题，体现了中国人民向往和追求的目标；民族精神和时代精神是社会主义核心价值体系的精髓，体现着中国人民的精神风貌和思想品格；社会主义荣辱观是社会主义核心价值体系的基础，是社会主义道德建设的集中体现。这四个方面综合起来，就形成了社会主义核心价值体系，发挥出巨大的整合作用。

第四，引领性。社会主义核心价值体系是理想性与现实性的统一。中国特色社会主义是中国共产党人及其所代表的中国最广大人民群众的共同理想，而这一共同理想是建立在中国改革开放和社会主义现代化建设伟大实践基础上的。经过三十多年的改革开放和社会主义现代化建设，中国人民在中国共产党的领导之下，找到了一条建设中国特色社会主义的道路。党的十八大报告中指出：“中国特色社会主义道路，就是在中国共产党领导下，立足基本国情，以经济建设为中心，坚持四项基本原则，坚持改革开放，解放和发展社会生产力，建设社会主义市场经济、社会主义民主政治、社会主义先进文化、社会主义和谐社会、社会主义生态文明，促进人的全面发展，逐步实现全体人民共同富裕，建设富强、民主、文明、和谐的社会主义现代化国家。"[①] 中国特色社会主义共同理想是中国人民的追求和向往，有强烈的价值取向，因而具有引领性的特点。

第五，现实性。社会主义核心价值体系是我国社会主义社会意识形态的集中体现，是我国现时代的特点在社会精神层面的反映。马克思主义指导思想、中国特色社会主义共同理想、民族精神和时代精神、社会主义荣辱观，都是在中国人民当代社会主义实践中提出来的，带有强烈的时代性。中国共产党人在深入分析当代的世情、国情、党情的基础上，明确地提出了社会主义核心价值体系，立足中国现实，放眼未来中国发展，体现了现实和理想的统一。在社会主义核心价值体系中，时代精神是中国人民在中国共产党的领导下，在改革开放的伟大实践中形成的精神品格，是时代发展的重要标志。每个时代都有与之相适应的时代精神，时代精神是社会现实的集中反映。中国人民在改革开放中所形成的以改革创新为核心的时代精神，反映了中国人民在改革开放中的精神风貌和思想品格，具有鲜明的时代色彩，为社会主义核心价值体系注入了新的精神元素。

第六，继承性。社会主义核心价值体系继承了人类精神文明宝库中的积极因素，是人类文明发展中的优秀思想成果。马克思主义是 19 世纪 40 年代由马克思、恩格斯创造的科学理论，这一理论批判地继承了德国古典哲学、英国的古典政治经济学和法国的空想社会主义的合理因素，概括了自然科学的新发现，总结了无产阶级斗争经验，成为无产阶级革命的指导思想。列宁在帝国主义和无产阶级革命时代继承和发展了马克思主义，在世界上建立了第一个社会主义国家，探讨了科学社会主义由理论到实践的发展。毛泽东把马克思主义普遍原理与中国革命的实际相结合，

---

① 胡锦涛，《坚定不移沿着中国特色社会主义道路前进，为全面建成小康社会而奋斗——在中国共产党第十八次全国代表大会上的报告》，人民出版社，2012 年版，第 12 页。

走出了一条东方社会落后国家建设社会主义的道路。中国共产党的几代领导人坚持不懈地探索，使马克思主义中国化取得丰富的经验。在当今中国社会坚持马克思主义的指导思想，就是要把马克思主义的基本原理与中国的实际相结合。中国特色社会主义的共同理想是近代中国无数志士仁人在实现中华民族伟大复兴的奋斗过程中，所探究到的符合中国实际的正确目标，其中包含着中国近代一代又一代人的艰苦卓绝的探索。中华民族精神源远流长，中国共产党人以高度责任感和使命感继承和发扬了这一伟大精神，使之成为中国人民的重要精神支柱。以改革创新为核心的时代精神也是一代又一代中国共产党人不懈追求、创造的结果。社会主义荣辱观是继承了中国传统美德的优点，根据中国社会主义道德发展的新特点，概括出来的新时代的道德规范，具有广泛的适用性。因此，没有对世界文明、中国文明和革命文化传统的继承，就不会形成社会主义核心价值体系。

第七，创新性。社会主义核心价值体系具有很大的创新性。从其形式上来看，其创新主要表现在它把马克思主义指导思想、中国特色社会主义共同理想、民族精神和时代精神、社会主义荣辱观四个方面高度整合起来，形成一个整体系统，创造了当今中国社会具有价值导向的思想体系。从内容上看，其创新主要表现在各个元素的创新。马克思主义作为中国共产党的指导思想，不是一成不变的，而是随着时代的发展而不断发展的。中国特色社会主义共同理想是中国共产党人在社会主义建设道路上通过不断创新提出的理想目标，是中国共产党人和中国人民的伟大创造。以爱国主义为核心的民族精神虽然是中华文化传统的精华，但同时也是新时代中国人民对古代文化精神的发扬光大。以改革创新为核心的时代精神更加体现出中国共产党人和中国人民的伟大创造，是当代中国人民精神风貌的集中写照。以“八荣八耻”为主要内容的社会主义荣辱观，在继承中国古代传统美德的基础上，彰显了当代社会主义道德的规范要求，被赋予了时代内涵，是社会主义道德思想的发展和创新。

三、 社会主义核心价值观与社会主义核心价值体系的关系

在较长的一段时间里，社会主义核心价值体系被看作是社会主义核心价值观。随着研究的深入，人们逐渐认识到不能把社会主义核心价值体系等同于社会主义核心价值观，两者既有联系又有区别。因此，对于社会主义核心价值观的定位就成了理论界、学术界探讨的一个重要问题。党的十八大从国家、社会、个人三个层面上对社会主义核心价值观作了深刻的揭示，为我们指明了研究的方向，也使人们认清了社会主义核心价值体系与社会主义核心价值观的关系。

社会主义核心价值体系与社会主义核心价值观既有内在联系，又相互区别，各有侧重。一方面，社会主义核心价值体系是社会主义核心价值观的前提和基础，是社会主义核心价值观形成和发展的必要条件。从这个意义上讲，没有社会主义核心价值体系就没有社会主义核心价值观。另一方面，社会主义核心价值观是社会主义核心价值体系的内核和理念，它集中地反映了社会主义核心价值体系的基本方向。

（一）社会主义核心价值体系涵盖了社会主义核心价值观，社会主义核心价值观是社会主义核心价值体系的基本内核

社会主义核心价值体系是一个价值系统，它包含马克思主义指导思想、中国特色社会主义共同理想、以爱国主义为核心的民族精神和以改革创新为核心的时代精神、社会主义荣辱观四个部分，其中有社会的主导思想理论、理想信念、精神风貌、道德规范等，对一个社会的主导意识形态作了全面的概括；而社会主义核心价值观则主要从国家、社会、个人的价值取向方面提炼出价值理念，是在社会主义核心价值体系的指导下形成的。离开了社

会主义核心价值体系这个大方向，社会主义核心价值观就很难概括得客观、准确、科学，就无所寄托、无所体现。每一个社会都有其赖以支撑的核心价值观和核心价值体系。比如，社会主义核心价值观在国家层面上是“富强、民主、文明、和谐”，这是坚持中国特色社会主义共同理想，坚定不移地走中国特色社会主义道路所设定的价值目标。因此，只有坚持中国特色社会主义共同理想，才能够把我们的国家建设成富强、民主、文明、和谐的社会主义国家。再比如，社会主义核心价值观在社会层面上是“自由、平等、公正、法治”，这是马克思主义指导思想的必然要求，也是实现中国特色社会主义共同理想的基本途径。社会主义社会是人类文明发展更高级的阶段，它克服了以往社会的缺点，吸收和借鉴了以往社会的合理因素，因此，它是更加自由、平等、公正、法治的社会。还比如，社会主义核心价值观在个人层面上是“爱国、敬业、诚信、友善”，这也是在社会主义核心价值体系中的民族精神、时代精神和社会主义道德规范的基础上提炼出来的。中华民族精神的核心就是爱国主义，同时也包括着敬业、诚信、友善等元素。社会主义道德的基本规范要求每一个社会主义社会的公民都必须努力做到爱国、敬业、诚信、友善。由此可见，从社会主义核心价值体系出发，对其内在价值作进一步的提炼和概括，必然会形成社会主义核心价值观。这与我们党对这一问题的认识轨迹、过程是相一致的。2006 年，在党的十六届六中全会上，中国共产党提出了社会主义核心价值体系的范畴，到了 2012 年党的十八大上，中国共产党提出了“三个倡导”的社会主义核心价值观，认识进一步加深，完成了从社会主义核心价值体系到社会主义核心价值观的认识飞跃。

（二）社会主义核心价值体系虽然与社会主义核心价值观有着非常密切的联系，但不能将二者等同起来

社会主义核心价值体系几乎涵盖了一个社会中主流意识形态的方方面面，是社会主义社会意识形态的本质体现，它具有主导

性、民族性、系统性、引领性、现实性、继承性、创新性等基本特征；而社会主义核心价值观则是一个社会在价值引导、价值取向方面的核心理念，它表征着一个国家、一个社会、一个公民的价值理想和价值目标，对于人的行为具有现实的指导意义和规范意义。社会主义核心价值体系更多是在宏观层面指明一个社会发展的基本精神动力和主流意识形态，社会主义核心价值观则更多地从微观层面指明国家、社会、个人的价值取向、价值理想、价值目标和价值理念，从而形成价值判断和价值标准。应该说，社会主义核心价值观对国家、社会和公民的发展方向、行为取向等有更明确的规范意义。它告诉人们，我们国家的理想目标是什么，我们的社会应该是怎样的，我们每一个公民的行为规范是什么。它以价值理念的形式为国家、社会、个人提供了愿景、目标，同时也以价值理念的形式为国家、社会、个人提供具体的发展方向和基本路径。社会主义核心价值体系因为涵盖面大，内容丰富，是以一个系统的形式呈现出来的，往往很难用几个字概括出它的基本内容。而社会主义核心价值观则指向明确，内容确定，往往可以通过科学概括和提炼，使其简明扼要，朗朗上口，它构成了社会主义核心价值体系的基本内核，体现了社会主义核心价值体系的基本方向和基本特征。比如，中国古代儒家的核心价值观，仅仅用了几个字，就把它的基本内容表达出来了。“仁义礼智信”这五个字，好记、易懂，老百姓一看就明白，就能铭刻在心中，成为他们的座右铭、行为规范，起到价值引导的重要作用。党的十八大对社会主义核心价值观的提炼和概括，用了“三个倡导”，“二十四个字”，既在国家、社会、个人这三个层面上作了区分，也非常简明扼要地概括了社会主义核心价值观的基本内容，为社会主义时期的价值理想、价值目标、价值规范作了详尽的揭示，是我们社会主义新时期的重要价值标准。

第二章

培育和践行社会主义核心价值观的重要意义

培育和践行社会主义核心价值观，是推进中国特色社会主义伟大事业、实现中华民族伟大复兴中国梦的战略任务；是提高民族凝聚力和国家文化软实力，维护我国意识形态安全的基本途径。

一、中国特色社会主义的内在要求

培育和践行社会主义核心价值观是坚持和发展中国特色社会主义的内在要求。中国特色社会主义是全面发展、全面进步的社会主义，包含着物质文明和精神文明的双重维度，它既需要不断完善经济、政治、文化、社会和生态文明等各方面制度，也需要不断探索社会主义在精神和价值层面的本质规定性；既需要为人们描绘未来社会物质生活方面的目标，也需要为人们指出未来社会精神价值的归宿。社会主义核心价值观集中体现了社会主义的本质属性，是坚持和发展中国特色社会主义的价值底蕴，它来源于中国特色社会主义实践，又贯穿于中国特色社会主义全部实践之中。

（一）中国特色社会主义是全面发展、全面进步的社会主义

关于社会主义建设的理论，是马克思主义的重要组成部分。马克思、恩格斯在继承前人思想成果的基础上，创立了科学社会主义理论，对未来社会的发展做出了科学预见。他们把设想的未

来社会称之为“自由人联合体”，即共产主义社会。他们认为，未来的共产主义社会应该是生产力高度发达、物质财富极大丰富、全体社会成员具有高度思想觉悟、实现每个人全面而自由发展的社会。马克思和恩格斯在《共产党宣言》中提出：“共产主义革命就是同传统的所有制关系实行最彻底的决裂；毫不奇怪，它在自己的发展进程中要同传统的观念实行最彻底的决裂。”① 两个决裂深刻地阐述了共产主义革命的基本任务和努力方向。所谓“同传统的所有制关系实行最彻底的决裂”，就是指要废除私有制的生产关系，以推动社会生产力的发展，并实现劳动者对物质财富的真正占有。这实际上是提出了社会主义在物质文明方面的要求。所谓“同传统的观念实行最彻底的决裂”，就是指要废除剥削阶级的私有观念，彻底改变一切旧思想、旧文化、旧风俗、旧习惯，用共产主义思想宣传和教育群众。这实际上是提出了社会主义在精神文明建设方面的要求。

列宁不仅把无产阶级的崇高理想在俄国变成了活生生的现实，缔造了人类历史上第一个社会主义国家，而且从当时的俄国国情出发，提出了社会主义政治、经济、文化协调发展的总体构想。他深刻阐述了文化建设与经济建设的关系，强调经济建设是无产阶级政权建设的根本问题，只有建立强大的物质基础，才会有完全的社会主义。在全俄苏维埃八大上，列宁提出了“共产主义就是苏维埃政权加全国电气化”的著名论断，把发展大工业的社会主义物质基础摆到了一个极端重要的地位。但是，他强调建立社会主义的强大的物质基础，必须有充分发展的文化教育作保证，使文化和技术教育进一步上升到更高的阶段，是保证整个苏维埃建设获得成功所必需的。在一个文盲充斥的国家，是很难进行经济建设的，更谈不上实现全国电气化。列宁还指出，文化建设是建立社会主义民主政治不可缺少的条件。建立社会主义民主政治是共产党人的奋斗目标，而保障人民当家作主，享有管理国

---

① 《马克思恩格斯选集》第1卷，人民出版社，1995年版，第293页。

家和社会事务的民主权利，则是社会主义民主政治的核心内容。如果劳动人民没有一定的文化知识，就很难享受这种民主权利，更谈不上行使这种民主权利。列宁还提出要坚持以共产主义道德为核心的思想教育，同资产阶级腐朽思想的侵蚀作坚决斗争。他指出：政治文化、政治教育的目的是培养真正的共产主义者，使他们有本领战胜谎言和偏见，能够帮助劳动群众战胜旧秩序，建设一个没有资本家、没有剥削者、没有地主的国家。共产党人的一项基本任务，就是帮助、培养和教育劳动群众，用共产主义道德占领劳动群众的思想阵地，用共产主义思想教育年轻一代，自觉抵制资产阶级腐朽思想的侵蚀和其他剥削思想的渗透。

我们党在领导革命、建设、改革的长期实践中，不断探索和发展了具有中国特色的社会主义建设理论。我们党把马克思主义基本原理同中国具体实际相结合，取得了新民主主义革命的胜利，建立了新中国，进而建立了社会主义制度。在我们这样一个经济文化十分落后的农业大国如何进行社会主义建设？毛泽东首先对这个重大课题进行了积极的探索与实践。邓小平在总结我国社会主义建设正反两个方面经验的基础上开辟了建设中国特色社会主义的新道路，形成了中国特色社会主义理论。以江泽民、胡锦涛、习近平为代表的几代中国共产党人在新的历史条件下，根据国内外形势的发展变化，进一步深化了对中国特色社会主义的认识，提出了一系列新思想、新观点。

邓小平明确提出：“我们要建设的社会主义国家，不但要有高度的物质文明，而且要有高度的精神文明。”① 社会主义现代化建设必须以经济建设为中心，但精神文明建设也具有重要地位。“不加强精神文明的建设，物质文明的建设也要受到破坏，走弯路。”② 邓小平严肃地提醒全党：只有经济建设成功这一手还是不够的，风气如果坏下去，经济建设成功也没有什么意义，会在另

① 《邓小平文选》第2卷，第367页。

② 《邓小平文选》第3卷，第144页。

一方面变质。贫穷不是社会主义，精神贫乏也不是社会主义。物质文明和精神文明要两手抓，两手都要硬。

党的十八大报告强调，必须更加自觉地把全面协调可持续作为深入贯彻落实科学发展观的基本要求，全面落实经济建设、政治建设、文化建设、社会建设、生态文明建设“五位一体”总体布局，促进现代化建设各方面相协调，促进生产关系与生产力、上层建筑与经济基础相协调，不断开拓生产发展、生活富裕、生态良好的文明发展道路。强调中国特色社会主义建设“五位一体”的总布局，这就告诉我们中国特色社会主义是全面发展、全面进步的社会主义。它既有富强、民主的目标，亦有文明、和谐的理想；既意味着经济繁荣、政治清明和法制昭彰的社会建制，也意味着遵纪守法、崇德尚礼的社会生态。在社会主义现代化建设中，后者为前者提供了精神归宿和价值依托。历史证明，一个国家和民族，贫弱落后固然可怕，但更可怕的是精神空虚。失去了理想信仰，内心没有约束，行为没有顾忌，再多的外部要求，也会成为空话，难以真正发挥作用；丢失了主导价值，没有了明确准则，冲破了道德底线，再丰裕的物质生活，也难免“金玉其外，败絮其中”。作为社会的个人应该有自己的理想、信仰，作为社会的集体亦应该有自己的理想、信仰。若理想、信仰出了大问题，就会使一个社会、国家面临生死存亡的威胁。

改革开放以来，随着社会的开放和经济的发展，各种各样的价值观涌现出来，正确的错误的、先进的落后的、消极的积极的价值观相互交织，这些价值观之间的冲突和矛盾直接影响到了人们在价值选择上的判断，进而影响到中国特色社会主义的建设。这就迫切需要社会主义核心价值观来引导社会价值观向正确的、先进的、积极的方向发展，以推动中国特色社会主义建设健康发展。

（二）社会主义核心价值观集中体现坚持和发展中国特色社会主义的价值底蕴

培育和践行社会主义核心价值观是中国特色社会主义的“铸

魂工程”，从价值层面集中体现了社会主义的目标取向。富强、民主、文明、和谐的价值目标，基于建设社会主义现代化国家的基本目标；自由、平等、公正、法治的价值取向，基于社会主义社会的基本要求；爱国、敬业、诚信、友善的价值准则，基于社会主义公民的道德规范。培育和践行社会主义核心价值观，有利于提升广大人民群众对中国特色社会主义的价值认同，为中国特色社会主义长远、稳定发展提供了根本价值遵循。

第一，在国家层面上，社会主义核心价值观倡导“富强、民主、文明、和谐”，集中体现了中国特色社会主义的价值目标。这是由社会主义国家政权的性质决定的。我们的国家是人民当家做主的社会主义国家。社会主义以解放生产力、发展生产力，实现共同富裕作为根本任务，必然要以实现经济上繁荣富强作为价值目标；社会主义国家一切权力属于人民，没有民主就没有社会主义，就没有社会主义现代化，必然要坚定不移地发展社会主义民主，建设社会主义政治文明；社会主义的政治制度、经济制度决定了广大人民的利益在根本上是一致的，中国特色社会主义社会是中国共产党领导全体人民共同建设、共同享有的社会，我国社会的基本矛盾是非对抗性的，这就决定了我们必然要追求和实现社会文明和谐的目标。历史已经证明并将继续证明，贫穷不是社会主义，不文明、不和谐也不是社会主义。一部社会主义的发展史就是一部不断化解矛盾、消除冲突、解决问题，实现社会文明、和谐、平稳、持续发展的历史。

党的十八大报告提出“在中国共产党成立一百年时全面建成小康社会”和“在新中国成立一百年时建成富强、民主、文明、和谐的社会主义现代化国家”两个百年奋斗目标，习近平也勾勒了“中国梦”的美好愿景。两个百年奋斗目标和“中国梦”的美好愿景体现了社会主义核心价值观与中国特色社会主义具有共同的价值追求和价值理想。培育和践行社会主义核心价值观正是为了保障中国特色社会主义价值目标的实现。

第二，在社会层面上，社会主义核心价值观倡导“自由、平等、公正、法治”，这是中国特色社会主义的核心价值理念。马克思主义自诞生以来，就致力于为建设一个更高级的、以每一个人的全面而自由发展为基本原则的社会形式，强调“代替那存在着阶级和阶级对立的资产阶级旧社会的，将是这样一个联合体，在那里，每个人的自由发展是一切人自由发展的条件”。[①] 中国特色社会主义坚持马克思主义的科学社会主义，始终把人的全面而自由发展作为价值追求，不断扩大社会主义民主，加快建设社会主义法治国家，发展社会主义政治文明。党的十八大报告指出：要更加注重发挥法治在国家治理和社会管理中的重要作用，维护国家法制统一、尊严、权威，保证人民依法享有广泛权利和自由，凸显了社会主义核心价值观中“自由”“法治”的价值诉求。十八大报告提出：公平正义是中国特色社会主义的内在要求。要在全体人民共同奋斗、经济社会发展的基础上，加紧建设对保障社会公平正义具有重大作用的制度，逐步建立以权利公平、机会公平、规则公平为主要内容的社会保障体系，努力营造公平的社会环境，保证人民平等参与、平等发展权利，凸显“平等”和“公正”的价值理念。

第三，在公民层面上，社会主义核心价值观倡导“爱国、敬业、诚信、友善”，可以看作中国特色社会主义建设主体的价值目标。人民群众是历史的创造者，人民群众的价值目标、价值追求决定中国特色社会主义事业的发展。中国特色社会主义建设历来注重培养社会主义建设主体的道德文化素养，在新的历史条件下，从公民道德建设入手，继承中华民族优秀传统美德，借鉴世界各国道德建设的成功经验，努力建立、发展与社会主义市场经济相适应的社会主义道德体系。2001 年，中共中央印发《公民道德建设实施纲要》，将我国公民应当遵守的基本道德规范概括为“爱国守法、明礼诚信、团结友善、勤俭自强、敬业奉献”。2006 年，胡锦涛提出以“八荣八耻”为主要内容的社会主义荣辱观，

---

① 《马克思恩格斯选集》第 1 卷，人民出版社，1995 年版，第 294 页。

把先进性要求和广泛性要求结合起来，体现了中国特色社会主义鲜明的价值取向。党的十八大报告也把全面提高公民道德素质作为社会主义道德建设的基本内容，倡导加强社会公德、职业道德、家庭美德、个人品德教育，弘扬中华传统美德，弘扬时代新风。无论是《纲要》的颁布、社会主义荣辱观的提出，还是十八大报告中的相关要求，都体现了中国特色社会主义的价值取向。因此，我国现阶段倡导的道德价值导向和制度的道德价值目标紧密相连，社会主义核心价值观的公民层面与完善中国特色社会主义应遵循的公民道德准则，可以看作一个价值关系的两种不同表达方式。

（三）社会主义核心价值观来源于中国特色社会主义实践，又贯穿于中国特色社会主义全部实践之中

社会主义核心价值观是在中国特色社会主义实践中形成和发展起来的。在改革开放过程中，我们党不断探索和回答什么是社会主义、怎样建设社会主义，建设什么样的党、怎样建设党，实现什么样的发展、怎样发展等重大问题，不断汲取人民群众的创造性经验，不断赋予社会主义核心价值观以新的时代内涵和实践要求。改革开放的发展过程，既是中国特色社会主义经济、政治、文化、社会不断变革的过程，也是社会主义核心价值观逐步形成并不断深入人心的过程。社会主义核心价值观是我们党领导人民在建设中国特色社会主义伟大实践中做出的符合社会发展规律和时代进步要求的价值选择。

理论源于实践又指导实践。没有理论指导的实践是盲目的实践；没有正确价值观引导的实践就会失去正确的价值导向，成为盲目的、毫无意义的实践。一个社会总要有精神支柱，一个国家总要有发展方向。坚持和发展中国特色社会主义，需要社会主义核心价值观指引前进方向、凝聚精神力量、提供文化支撑。改革开放以来，社会主义核心价值观在指导中国特色社会主义实践中展现了巨大威力。它贯穿于中国特色社会主义全部实践之中，渗

透到国家、社会、个人各个领域，发挥着根本性的导向作用。社会主义核心价值观告诉我们，在中国特色社会主义经济、政治、文化、社会、生态文明建设等领域，在国家、社会、公民层面的各种活动和行为中，基本价值依据是什么，应该倡导什么、反对什么。富强、民主、文明、和谐是国家发展的价值理想，明确了我国将走什么样的道路，为什么目标而奋斗；自由、平等、公正、法治是社会发展的价值导向，指明了我们要建设一个什么样的社会，这样的社会应该坚持什么样的理念；爱国、敬业、诚信、友善是每个公民所应遵循的道德准则，明确了我们要培养什么样的公民，这样的公民应当具有怎样的理想追求。正是在社会主义核心价值观的引领下，我国取得了举世瞩目的成就。在前进的道路上，也遇到过各种艰难险阻，但无论在任何情况下，社会主义核心价值观都以其巨大的精神力量，激励人民勇往直前。在十分复杂的国内外形势下，党和人民经受住严峻考验，巩固和发展了改革开放和社会主义现代化建设大局，提高了我国的国际地位，彰显了中国特色社会主义的巨大优越性和强大生命力，增强了中国人民和中华民族的自豪感和凝聚力。

二、实现中国梦的思想保证

习近平总书记指出："实现中华民族伟大复兴的中国梦，就是要实现国家富强、民族振兴、人民幸福。"中国梦所体现的国家富强、民族振兴、人民幸福这三大价值追求是有机统一的。没有国家富强和民族振兴，就不可能有人民幸福；同样，没有人民的富裕幸福，也根本谈不上国家富强，更谈不上民族的振兴。国家好，民族好，大家才会好；反过来也是同样道理。习近平总书记在阐述中国梦的发展目标时指出："我坚信，到中国共产党成立 100 年时全面建成小康社会的目标一定能实现，到新中国成立 100 年时建成富强、民主、文明、和谐的社会主义现代化国家的目标一定能实现，中华民族伟大复兴的梦想一定能实现。"这三个“一定能实现”全面揭示了中国梦的奋斗目标。

实现中华民族伟大复兴的中国梦，是一个长期而艰难的过程。在这个过程中，必然会遇到一个又一个难以预料的困难和挑战，需要一代又一代中国人付出艰辛的努力。在当前和今后相当长一段时期，要动员、激励全体中华儿女为实现中国梦而持续团结奋斗，尤其离不开强大的思想保证和坚实的精神支撑。要提供强大思想保证和精神支撑，就必须着力培育和践行社会主义核心价值观。

社会主义核心价值观是“中国梦”的价值内核，指引着实现“中国梦”的正确方向。在一定意义上我们可以说，实现“中国梦”就是要在中国大地上全面践行社会主义核心价值观，把社会主义核心价值观体现于人们及其社会生活的各个方面。实现“中国梦”必须同积极培育和践行社会主义核心价值观紧密联系起来，否则“中国梦”就有可能失去正确方向。

习近平总书记指出，实现中国梦，必须走中国道路，必须弘扬中国精神，必须凝聚中国力量。这“三个必须”，清楚地概括了实现中华民族伟大复兴的三项基本要求，指明了实现中国梦的三个关键路径。社会主义核心价值观作为实现中国梦的思想保证和精神支撑，贯穿于实现中国梦的全过程，发挥着巨大的精神导向作用。中国道路是实现中国梦的最佳途径，社会主义核心价值观决定中国道路的发展方向；中国精神是实现中国梦的精神支撑，社会主义核心价值观是中国精神的内核与灵魂；中国力量是实现中国梦的动力源泉，社会主义核心价值观是凝聚中国力量的精神纽带。

（一）社会主义核心价值观决定中国道路的发展方向

一个国家选择什么样的发展道路，直接关系着这个国家的前途和命运。党的十八大报告指出，全面建成小康社会，加快推进社会主义现代化，实现中华民族伟大复兴，必须坚定不移走中国特色社会主义道路。在中国这样一个经济文化十分落后的国家探索民族复兴道路，是极为艰巨的任务。九十多年来，我们党紧紧依靠人民，把马克思主义基本原理同中国实际和时代特征结合起来，独立自主走自己的路，历经千辛万苦，付出各种代价，取得革命建设改革伟大胜利，开创和发展了中国特色社会主义道路，从根本上改变了中国人民和中华民族的前途命运。这条道路来之不易，它是人民的选择，历史的选择。

什么是中国特色社会主义道路？明确中国特色社会主义道路的具体内涵，就需要有一种明确的价值判断或价值观来加以引导。中国特色社会主义道路就是在社会主义核心价值观这个大方向指引下逐步形成和发展起来的。遵循社会主义核心价值观的根本要求，中国找到了一条符合国情、具有中国特色的新型社会发展道路，使其成为社会主义制度条件下最具潜力的社会发展模式，也由此丰富了世界现代化的路径选择。社会主义核心价值观是中华民族的整体价值观，代表的不是单个人或部分群体的个体观念，而是整个国家的立国价值与主导价值。它一方面体现了一个国家的发展方向和发展道路，成为国家的最终发展目标；另一方面它对中国特色社会主义道路的发展方向也产生了决定性的影响，作为主流意识形态，它规定并影响着中国特色社会主义道路的形成与发展。党的十八大报告对中国特色社会主义道路的内涵进行了精辟的概括，明确指出：“中国特色社会主义道路，就是在中国共产党领导下，立足基本国情，以经济建设为中心，坚持四项基本原则，坚持改革开放，解放和发展社会生产力，建设社会主义市场经济、社会主义民主政治、社会主义先进文化、社会主义和谐社会、社会主义生态文明，促进人的全面发展，逐步实现全体人民共同富裕，建设富强、民主、文明、和谐的社会主义现代化国家。”在这里，坚持中国特色社会主义道路，所要追求的富强、民主、文明、和谐“四位一体”和促进人的全面发展的现代化目标，正是社会主义核心价值观的具体化，既集中体现了社会主义核心价值观的根本要求，表达了中国人民的根本利益和自觉价值追求，同时也指明了中国特色社会主义的发展方向。在当代中国，追求富强、民主、文明、和谐，实现国家昌盛、人民幸福和民族复兴，决定我们必须坚定不移地走中国特色社会主义道路。

改革开放以来的实践证明，中国特色社会主义道路是一条通向中华民族伟大复兴的必由之路，是实现社会主义核心价值观理想目标的成功之路。改革开放三十多年来，我国经济持续快速发展，远远高于同期世界经济平均增长速度。我国 GDP 从 1978 年的3624.1亿元增加到 2012 年的 51.9 万亿元，总规模居世界第二位。在经济持续快速发展的同时，我国的民主法制建设取得新进展，科技、教育、文化、卫生、体育等各项社会事业发展迅速，社会生活方式日益丰富多彩，人们的精神面貌发生巨大变化。我们所取得的一系列新的历史性成就，概括起来说就是“三个上台阶”，即社会生产力、经济实力、科技实力迈上一个大台阶，人民生活水平、居民收入水平、社会保障水平迈上一个大台阶，综合国力、国际竞争力、国际影响力迈上一个大台阶，国家面貌发生新的历史性变化。

（二）社会主义核心价值观是中国精神的内核与灵魂

实现中国梦，不仅要求我们在物质上强大起来，而且还要在精神上强大起来。一个民族要繁衍生息发展，一个国家要立国兴国强国，需要有厚重而强大的精神力量。如果没有精神力量的激励，没有全民族精神力量的充分发挥，任何国家和民族都不可能屹立于世界民族之林。尤其是在经济全球化不断加速、文化影响力日益增强的今天，大力弘扬中国精神，对于实现中华民族伟大复兴的中国梦，具有更加重要、更加紧迫的意义。

习近平总书记深刻指出：“把我国 56 个民族、13 亿多人紧紧凝聚在一起的，是我们共同经历的非凡奋斗，是我们共同创造的美好家园，是我们共同培育的民族精神，而贯穿其中的、更重要的是我们共同坚守的理想信念。”

中国精神是中华民族共同创造、共同依托、共同传承的文化精神、价值观念的总和，是中华民族赖以生存和发展的精神财富，是中华民族生生不息、团结奋进的精神动力。中国精神内涵丰富，博大精深，它包括以爱国主义为核心的民族精神和以改革创新为核心的时代精神。这种民族精神和时代精神的有机结合，构成了凝聚中华民族团结一心、促进中华民族发展壮大的强大精神力量。

民族精神是一个民族在长期的共同生活和共同的社会实践基础上形成和发展的民族意识、民族心理、民族品格、民族气质的总和，是一个民族的心理特征、文化传统、思想情感等的综合反映。在几千年的历史长河中，中华民族形成了以爱国主义为核心的团结统一、爱好和平、勤劳勇敢、自强不息的伟大民族精神。在以爱国主义为核心的民族精神的激励下，中华民族实现了救亡图存的历史使命，建立了社会主义的基本制度。

时代精神是一个社会在最新的实践中激发出来的，反映社会进步的发展方向、引领时代进步潮流、为社会成员普遍认同和接受的思想观念、价值取向和道德规范，是一个社会最新的精神气质和精神风貌的综合体现。时代精神包括了我们党领导人民在长期革命斗争中形成的井冈山精神、长征精神、延安精神、西柏坡精神等优良传统；包括了在社会主义建设时期形成的大庆精神、雷锋精神、“两弹一星”精神等优良传统；还包括了在改革开放新时期形成的“九八”抗洪精神、抗击非典精神、青藏铁路精神、载人航天精神、抗震救灾精神、北京奥运精神等优良传统。时代精神是激励全体社会成员在改革开放和社会主义现代化建设的伟大实践中，实现共同理想的精神动力。民族精神与时代精神，深深熔铸在民族的生命力、创造力和凝聚力之中，共同构成中华民族自立自强的精神品格，成为实现中华民族伟大复兴的重要思想基础。

社会主义核心价值观是中国精神的内核与灵魂，彰显了中国精神的内在本质。所谓“灵魂”，是比喻起指导和决定作用的因素，这种因素作为事物内在的支配力量，决定着事物的性质和方向。社会主义核心价值观居于中国精神的主导地位，具有决定本质属性和发展方向的作用。它主导、支配、引领和统率着中国精神的方方面面，是中国精神所蕴含的最基本、最稳定的价值内核，是中国精神本质属性的价值内涵、价值意义、价值标准、价值目标最直接、最深刻、最明确的表达。一方面，它最深刻地反映我国社会主义社会制度的性质，最符合中国特色社会主义本质的要求，是从价值观角度深刻反映中国特色社会主义绝对优势和鲜明特点的根本价值观点。另一方面，它最广泛地集中了全社会意志，反映了全社会共识，并把这种意志和共识不断引向正确的方向，使国家意志真正集中代表广大人民意志，使国家和社会建设的发展方向和成果与广大人民根本利益诉求方向和夙愿高度协调、高度统一并得以共享。离开社会主义价值观的引领，中国精神就有可能失去内在灵魂，必然会迷失方向、软弱无力，沦为西方资本主义意识形态的附庸。

弘扬中国精神，必须坚持社会主义核心价值观的主导地位，用社会主义核心价值观统一人们的思想，坚持用一元化的指导思想引领中国精神的发展方向，更好地把社会主义核心价值观的基本要求贯穿于中国精神的各个方面，渗透到社会生活的各个领域，使之成为全体社会成员普遍理解和接受的价值理念，为中国精神的发扬光大提供强有力的思想指导。

（三）社会主义核心价值观是凝聚中国力量的共同思想基础

中国力量是实现中国梦的动力源泉。实现中国梦必须凝聚中国力量，这就是全国各族人民大团结的力量，是全体中国人汇聚而成的整体力量。中国力量在战争年代具体表现为不屈不挠、勇往直前的力量；在和平建设时期表现为勤俭创业、艰苦奋斗的力量；在改革开放时期表现为奋勇拼搏、开拓创新的力量。习近平总书记指出：“只要我们紧密团结，万众一心，为实现共同梦想而奋斗，实现梦想的力量就无比强大。”

中国梦是亿万人民的梦，是民族的梦，也是每个中国人的梦。中华民族是由56个民族共同组成的大家庭，中华民族伟大复兴必须依靠56个民族的共同努力；只有万众一心、同心协力，才能使中国梦变成现实，使每个中国人梦想成真。没有全社会的共同参与、各阶层的同心同德，任何梦想都不可能实现。人民群众是真正的英雄，是力量的源泉。我们必须以共同的梦想、共同的事业、共同的追求团结最广大人民群众，把社会各个阶层、各个群众团体的智慧和力量汇聚到中国特色社会主义伟大事业中来，激发和凝聚实现中国梦的强大动力。

凝聚中国力量需要共同的思想基础。共同的思想基础，是一个党、一个国家、一个民族赖以存在和发展的根本前提。没有共同的思想基础，党就要瓦解、国家就要分裂、民族就要解体。我们党历来重视共同思想基础建设。毛泽东强调党要有“共同语言”，社会主义国家要有“统一意志”，讲的是共同思想基础建设。邓小平指出：我们这么大一个国家，要团结起来、组织起来，一靠理想，二靠纪律，否则建设就不能成功，强调的是要加强共同思想基础建设。江泽民指出：“一个民族、一个国家，如果没有自己的精神支柱，就等于没有灵魂，就会失去凝聚力和生命力。”强调的还是共同思想基础建设。胡锦涛多次指出：要增强“民族精神”，巩固“精神支柱”，形成“共同理想信念”，强调的仍然是共同思想基础建设。习近平总书记要求：“全国各族人民一定要弘扬伟大的民族精神和时代精神，不断增强团结一心的精神纽带、自强不息的精神动力，永远朝气蓬勃迈向未来。”强调的也是共同思想基础建设。既然共同思想基础建设如此重要，就需要对它做出科学的概括和清晰的界定，明确其基本内涵和基本要求，使之易于为全党全社会更加全面地理解和更加准确地把握。提出社会主义核心价值观，明确揭示了我们共同思想基础的基本内涵和基本要求，必将在全党全社会充分发挥凝心聚力的重大作用。

三、增强民族凝聚力和向心力的纽带

如何形成强大的凝聚力和向心力，是关系到中国特色社会主义发展前景与命运的重大问题。培育和践行社会主义核心价值观，有利于进一步凝聚民心、鼓舞斗志，有利于提高经济全球化条件下的民族凝聚力和向心力，在激烈的国际竞争中维护国家和民族的根本利益。历史和现实一再表明，每一个社会共同体都需要有自己独特的核心价值观，通过这种共同的价值观为自身的存在进行合理性和合法性论证，并通过它来塑造和凝聚全体成员，形成一种亲和力、感召力和凝聚力。在当今世界，以价值观为核心的各种思想文化相互激荡，在这种多元文化背景下，社会主义核心价值观能够帮助人们抵御多元价值观的侵蚀，培育人们的社会共识，铸就国民的灵魂，从而增强民族凝聚力、向心力。

（一）出于增强民族凝聚力、向心力的需要，任何一个社会都会都提出自己的核心价值观

从社会发展的历史来看，每一个社会都有其赖以支撑社会发展的核心价值观。在原始社会，由于科技的落后和生产力水平的极其低下，人们只能共同合作，生产资料公有，才能更好地生存和发展。在这样的历史条件下，人们自然就会形成“团结互助、人人为我、我为人人”的社会核心价值观。

自从国家产生以来，每个国家的执政者都将实现本阶级的核心价值观看成是一项灵魂工程。奴隶社会是人类第一个私有制社会和阶级社会。生产资料的奴隶主占有制是奴隶社会价值观形成的经济基础。奴隶制国家为了保护奴隶主的根本利益，大力宣扬国家至上观念、等级观念、善恶观念。在奴隶社会中，统治阶级已经注意到了使核心价值观内化为人们的思想灵魂的重要性。我国西周的统治者十分重视礼乐制度及其内化途径，将礼乐制度看作是维护社会秩序的核心价值观。礼乐制度至西周达到十分完善的高度，从平民百姓到王侯将相，从日常生活到国家治理，都必

须遵守。

在欧洲的中世纪封建社会，基督教思想处于统治地位，是中世纪西方文化的灵魂。基督教神学在各个意识形态领域具有至高无上的权威，“上帝至上、以神为本”是整个欧洲封建社会的核心价值观。中国的封建社会历史最长，也最为典型。在中国两千多年的封建社会中，绝大部分时间以儒家思想为主导意识形态，其核心价值观是“三纲五常”，即忠君孝亲观念和“仁、义、礼、智、信”，这是治理社会的根本行为准则。在我国封建社会，统治者将“忠”“孝”融为一体，并用这种忠孝合而为一的价值观维系最基本的社会关系，确保了社会的秩序和政治的稳定，使得中国封建社会绵延存在了两千多年。

西方资本主义社会自文艺复兴、启蒙运动、宗教改革和工业革命后，逐渐提炼出“自由”“平等”“博爱”“民主”“人权”“法治”等核心价值观念，使得资本主义得到了长足的发展。1789年法国资产阶级革命期间发表的《人权宣言》比较完整地表达了资本主义的核心思想意识和价值追求。1848年正式将“自由、平等、博爱”写入了1848年法兰西共和国宪法。在资产阶级统治确立后，资本主义国家普遍建立起普选制、代议制、多党制等政治制度，并认为这些制度广泛体现了“自由、平等、博爱”思想。

社会主义作为更高的社会形态，在社会运动进程中需要也应当形成自身的核心价值观。我国社会主义制度的确立和中国特色社会主义的实践，为深化社会主义在价值层面的认识提供了根本前提，做出了有说服力的回答，提出了社会主义核心价值观。

（二）社会主义核心价值观能够帮助人们抵御多元价值观的侵蚀而增强民族凝聚力、向心力

当前，我国发展进入新阶段，改革进入攻坚期和深水区，改革任务艰巨繁重，发展问题尖锐复杂。特别是随着经济体制深刻变革，社会结构深刻变动，利益格局深刻调整，人们的自主性、

选择性、差异性和多变性日益增强，各种价值观念和社会思潮多彩纷呈。一些消极、颓废的观念有所滋长；一些人思想困惑、信仰迷失；一些领域诚信缺失、道德失范。在一些地方出现不少带有迷信、愚昧、颓废、庸俗等色彩的落后文化和腐蚀人们精神世界、危害社会主义事业的腐朽文化，其形式多种多样，如封建迷信活动、权力腐败、走私、贩卖人口、邪教、黄、赌、毒等等。特别是在我国改革开放的条件下，西方发达国家通过经济、政治、网络等手段不断在我国推行其价值观，诸如消费主义、拜金主义、利己主义、极端个人主义的西方价值观在我国已经成长起来了。西方生活方式、价值观的渗透，使一些人把拜金主义、享乐主义、极端个人主义作为自己的价值追求和人生目标，甚至崇拜西方的意识形态和社会制度，发生人生观、价值观、世界观的扭曲错位。

多元价值观特别是消极腐朽价值观的存在，导致人心涣散，甚至使国家、民族失去凝聚力和向心力。正如有的同志指出的那样，如果一个国家失去了共同的、稳定的基本价值观念，或者是分裂为许多不同的相互冲突的价值观念，或者是遭到外来文化的入侵而在短时间内失去了自己的主导地位，那么社会中具有不同基本价值需要、运用完全不同的话语体系的各利益集团就必然沿着不同价值观念的边界进一步发生深刻的、乃至不可弥合的分裂，并进而引发整个社会的大分裂、大动荡。与此相关，诸多社会组织，包括国家和政党的价值基础也一并遭到怀疑，由于失去文化价值的支撑而必然产生的“合法性危机”将导致国家意志、价值观念、国民心理上的涣散甚至崩溃。在组织内部，组织的规则失去应有的约束力，必然产生一种离心现象，整个社会将陷入一种严重的无序化状态。与此同时，个体日常生活中的价值基础被动摇，也将引发诸多社会、心理问题。

面对世界范围思想文化交流、交融、交锋形势下价值观较量的新态势，面对改革开放和发展社会主义市场经济条件下思想意识多元多样多变的新特点，尤其需要社会主义核心价值观凝聚人心、鼓舞斗志。只有积极培育和践行社会主义核心价值观，才能够有效地抵御多元价值观的侵袭，在全社会形成巨大的价值共识和思想共鸣，进而形成戮力同心、众志成城的力量，把中国特色社会主义伟大事业推向前进。

（三）社会主义核心价值观通过培育人们的社会共识、铸就国民的灵魂而增强民族凝聚力、向心力

我国改革开放三十多年来，经济发展取得了巨大的成就，人民生活日益富裕，但是发展中的社会矛盾日益突出。比如，社会分配秩序尚未理顺，社会成员分配差距过大，城乡差别、区域差别持续拉大；社会保障制度不健全，贫富差距拉大，社会贫困问题凸显；社会成员流动性加大，社会结构重组，利益关系更加复杂；劳动供求关系紧张，就业形势严峻；少数干部的腐败和官僚主义、形式主义、享乐主义、奢靡之风引发的群体性事件增加，不满情绪蔓延；不同政治思想文化的相互激荡与冲突；民族宗教矛盾与冲突等等。特别是按照党的十八大和十八届三中全会的要求全面深化改革，必然在各个方面、各个层次上触及人们的利益，引起利益关系的新变化和利益格局的新调整。全面深化改革必将推进经济社会的繁荣发展，开拓中国特色社会主义事业更加广阔的前景，也必然使各方面的矛盾更加突出。

要化解社会矛盾，增强民族凝聚力和向心力，就需要大力培育和践行社会主义核心价值观。历史和现实都充分证明，一个地区、一个民族、一个国家，只有建立了共同的价值目标，才会有统一的意志和行动，才能形成强大的凝聚力和向心力。社会主义核心价值观实现了政治理想、社会导向、行为准则的统一，继承了中华传统文化精华，汲取了人类文明优秀成果，符合历史、合乎实践，贴近民情、顺乎民意，能够发挥出广泛的感召力和持久的引导力。以社会主义核心价值观作航向标，就能够有效引领、整合纷繁复杂的社会思想意识，有效避免利益格局调整可能带来的思想对立和混乱，使 13 亿中国人心往一处想，劲往一处使，

汇聚成推动社会发展进步的强大合力。

社会主义核心价值观之所以具有统领和凝聚人心的强大社会功能，因为它为人们提供了一整套观察世界、判断事物的基本标准，在赞成什么反对什么、认同什么抵制什么上，形成鲜明的价值尺度和行为准则，使人们在自己的长远利益和根本利益上有了共同的目标和追求，形成价值共识。它能够涵容和反映社会各民族、各群体、各阶层的价值共识和追求，形成一套广大群众共同认可的秩序和愿意共同遵守的准则。人们有了共同的价值目标和理想追求，就有了超越具体利益关系的精神纽带，就能够产生最广泛的价值归属感和情感依附感，使分散、异质、多元的群体都从各个方向走到一起，汇成强大的精神力量和超稳定的社会结构。

当代中国需要通过社会主义核心价值观，为人们提供共同的理想信念、价值目标，使人们超越民族、血缘、语言和地域等方面的差异，超越阶层、行业、职业、利益等方面的差异，增强对中华民族大家庭的向心力和归属感。

四、国家文化软实力的核心和灵魂

软实力是近年来风靡国际关系领域的最流行概念，它深刻地影响了人们对国际关系的看法。“软实力”这一概念是美国著名政治学家、国际关系理论中新自由主义学派的代表人物约瑟夫·奈在1990年出版的《注定领导世界：美国权力性质的变迁》一书中首次提出来的。它与“硬实力”相对应，这是一种隐形的、难以量化的、主要靠自身的吸引力和广泛的认同体现出来的力量。文化软实力实质上就是由一个国家国民的思想道德、理想信念、核心价值观念、文化科学素质和民族文化传统、民族文化遗产以及民族性格、民族心理、风俗习惯等文化发展和文化积累所形成的现实力量。其中，核心价值观作为文化软实力的核心组成部分，具有主导和决定作用。社会主义核心价值观决定着我国文化软实力的性质和发展方向，也决定着我国的文化魅力和价值。正像习近平总书记在主持中央政治局第十三次集体学习时指出的："核心价值观是文化软实力的灵魂、文化软实力建设的重点。这是决定文化性质和方向的最深层次要素。一个国家的文化软实力，从根本上说，取决于其核心价值观的生命力、凝聚力、感召力。"

（一）文化软实力越来越成为综合国力竞争的重要因素

一个国家的综合国力，既包括由经济、科技、军事实力等表现出来的看得见、摸得着的"硬实力"，也包括以政治力、文化力、外交力等要素组成的以文化和意识形态吸引力体现出来的"软实力"。当今世界，国际竞争已经逐渐从传统的单纯依靠由经济和军事等实力所构成的硬实力转向由意识形态的感召力、文化的感染力、国际形象的影响力以及社会发展模式的吸引力等所构成的软实力，文化软实力越来越成为综合国力竞争的重要因素，成为经济社会发展的重要支撑。当今世界各国纷纷把提高文化软实力作为主要发展战略，千方百计增强本国文化的整体实力和国际竞争力，力求在日益激烈的综合国力竞争中赢得主动权。西方一些理论家指出，倘若一个国家的文化在世界上成为主流文化，其价值观支配了国际政治秩序，它就必然在国际社会中居于领导地位，因此，对发展中国家特别是不同意识形态国家进行文化渗透就是最有力的进攻。一些西方发达国家越来越强化了运用文化软实力来制约和影响世界事务和发展中国家内部事务的手段，他们凭借自己在 WTO 中的特殊地位把自己的思想文化、价值观念等强加给其他成员国。

美国是最早提出软实力理论的国家，也是最重视文化软实力建设的国家。美国利用其资本、技术和市场优势对其他弱势国家大力进行文化的渗透、控制和强行"市场准入"，宣扬美国的意识形态、生活方式和价值观念，试图实现西方（美国）文化的全球化。美国的新闻传播、文化传播、网络自由、信息自由、芯片、电影大片和薯片等等，使美国的舆论诱导、价值渗透、文化传播，在全世界产生了有利于美国的广泛影响。英国政府则把推行公共外交作为增强软实力和提升综合国力的重要战略。这种公共外交以英语为载体，以文化传播和扩大影响为重点，涉及文化交流、语言传播、留学教育、体育赛事和新闻传媒等诸多领域，其最终目的是发展英国的文化软实力，保持和扩大英国的世界影响力。法国出于对本民族文化的保护，十分注重在世界的交往中倡导文化的多样性，以保持法兰西民族精神家园的高度敏锐性，抵制美国的文化倾销；通过在世界上倡导和保护法语，发展法国文化，保持和发展法国的文化特质，推进法国与世界各国的文化交流，扩大法国文化在世界上的影响力和吸引力，提升法国的文化软实力和国际竞争力。俄罗斯为适应文化软实力发展的需要，在总统办公厅内增设了一个新机构——对外地区及文化合作局，主要是凭借俄罗斯在独联体地区的语言载体、文化优势和人文影响，加强俄罗斯的文化传播，扩大同独联体国家的文化交流，巩固和增强莫斯科在原苏联地区的影响力，提升俄罗斯的软实力和综合国力。

在全球化的背景下，以美国为首的西方国家的文化扩张和渗透，对我国的文化安全造成了很大的冲击和威胁。为适应这一形势，我们党把文化软实力建设提到国家发展的战略高度。党的十七届六中全会通过的《关于深化文化体制改革推动社会主义文化大发展大繁荣若干重大问题的决定》指出，文化建设是中国特色社会主义事业总体布局的重要组成部分。没有文化的积极引领，没有人民精神世界的极大丰富，没有全民族精神力量的充分发挥，一个国家、一个民族不可能屹立于世界民族之林。物质贫乏不是社会主义，精神空虚也不是社会主义。没有社会主义文化繁荣发展，就没有社会主义现代化。党的十八大报告进一步强调，必须推动社会主义文化大发展大繁荣，兴起社会主义文化建设新高潮，提高国家文化软实力，发挥文化引领风尚、教育人民、服务社会、推动发展的作用。我国综合国力的提升，有赖于加强我国的文化软实力建设。文化软实力不仅是综合国力的重要组成部分，而且促进综合国力的提升，是增强综合国力的重要力量。文化软实力可以产生乘数效应，成倍地扩充和放大硬实力，使综合国力变得更强大。

（二）社会主义核心价值观决定文化软实力的性质和发展方向

社会主义核心价值观和文化是密不可分的两个方面，核心价值观是文化的核心和灵魂，文化是培育和发展核心价值观的载体，担负着核心价值观发扬光大的庄严使命。核心价值观并不是某种可以独立存在的有形物，而只能通过各种载体体现出来。在特定民族中，人们的价值观念、行为方式以及各种文化产品中，都会表现出该民族独特的、作为观念形态的文化特征，其中最本质的东西就是核心价值观。它决定文化的性质和发展方向，关系文化的兴衰。

首先，社会主义核心价值观通过确立文化立场，决定文化的根本性质。社会主义核心价值观坚守的是中华文化立场、人民群众立场。坚守中华文化立场，就决定了我们的文化必然具有中国气派、中国特色，必然反映中华民族伟大复兴的要求，为经济发展和社会进步提供精神动力和智力支持。它不但属于优秀的传统文化范畴，并且能够引领着这种优秀传统文化不断自我更新而成为当代先进文化。正如习近平总书记在主持中央政治局第十三次集体学习时指出的："抛弃传统、丢掉根本，就等于割断了自己的精神命脉。博大精深的中华优秀传统文化是我们在世界文化激荡中站稳脚跟的根基。不忘本来才能开辟未来，善于继承才能更好创新。"坚守人民群众的立场，就决定了我们的文化必然是具有深厚人民性的社会主义先进文化。这种先进文化必须反映人民群众的理想愿望和审美要求，必须代表人民群众的根本利益，必须满足广大人民群众不断增长的精神生活需求，必须对人民群众有陶冶、教育和愉悦作用。如果脱离了人民群众的愿望和需要而成为少数人的贵族文化，那就不是保障人民群众利益的先进文化。人民性的文化不仅是对人民的关切，也同样关切和关怀个体和生命；它可以为弱势群体代言，它应当是有利于人的自由而全面发展的文化。

其次，社会主义核心价值观通过确立价值取向决定文化的发展方向。文化自身的繁荣和发展需要有正确的价值目标导引。文化发展的价值导向或价值目标涉及文化为谁发展、为什么发展的问题。社会主义核心价值观确立的价值取向，可以使文化软实力建设沿着正确的方向达到预定目标，并以正确的、合理的方式发挥作用。在当今中国特色社会主义文化发展进程中，存在着一些认识上的模糊和实践中的偏差。在认识上，存在未能明确文化发展应该坚持什么样的价值导向或价值目标的模糊观点；在现实的文化发展中，还存在一定的偏离中国特色社会主义价值理念和本质要求的现象。党的十八大报告提出的“三个倡导”，在国家、社会和公民三个层面确立了基本价值取向和价值标准，告诉我们在国家建设、社会发展和公民培育中什么是真善美，什么是假恶丑，什么是值得肯定和赞扬的，什么是必须反对和否定的。这就决定了当代中国文化的发展方向，必须符合并反映我国现阶段的经济、政治、社会状况及要求；有利于改革开放，发展社会生产力，促进国家的繁荣富强；有利于强化公民的民主意识，促进社会主义民主政治和法制建设的发展；有利于全面提高人的综合素质，促进人的自由全面发展价值理想的最终实现；有利于推进社会主义现代化建设，促进社会全面进步。

第三，社会主义核心价值观通过激励作用形成文化发展的内在动力。文化建设的主体是人，价值观反映一定社会主体的利益和需求，并渗透在文化的各种形态中。人对价值的自觉追求的目的，就是通过有意识、有目的的活动以满足自身各种需要。社会主义核心价值观作为一种价值追求，通过对人的有意识、有目的的活动的激励发挥作用。人们对富强、民主、文明、和谐、自由、公正的强烈需求，必然在人们的观念中形成一定的价值意识和价值判断，帮助人们正确地去实现自己的人生目标和人生价值，从而驱动、调节、激励人的社会活动。当社会成员感到自己的目标、理想和价值观通过自己的社会活动可以得到实现时，他会为此付出尽可能大的努力，这就表现为核心价值观认同和公平感促使人们不断为社会文化注入生机和活力，推动社会文化持续发展。在社会文化的动态变化过程中，核心价值观是文化发展的内在动力。通过这种内在激励机制，鼓励支持社会成员充分发挥主观能动性，进行文化创新活动，保持社会文化的生机和活力。如果社会成员对核心价值观的认同度降低，必然会失去社会文化发展的内在动力，导致整个社会文化的衰落，甚至导致整个民族的衰亡。

（三）社会主义核心价值观是文化软实力建设的重点

习近平总书记指出："一个国家的文化软实力，从根本上说，取决于其核心价值观的生命力、凝聚力、感召力。"只有大力培育和践行社会主义核心价值观，才能推进中国特色社会主义文化的大发展大繁荣。没有核心价值观的支撑，一种文化就立不起来、强不起来。当今世界，各种思想文化交流交融交锋更加频繁，文化的力量归根到底来自于凝结其中的核心价值观的影响力和感召力；文化软实力的竞争，本质上是不同文化所代表的核心价值观的竞争。现在，越来越多的国家把提升文化软实力确立为国家战略，核心价值观之争日趋激烈。谁拥有具有强大吸引力和影响力的价值观，占据道德的高地，谁就赢得国际社会的认同，获得有力的话语权，便能够在激烈的国际竞争中赢得主动。

加强我国的文化软实力建设，必须把培育和践行社会主义核心价值观作为重中之重，作为凝魂聚气、强基固本的基础工程，积极引导人们讲道德、尊道德、守道德，追求高尚的道德理想。

首先，要切实把社会主义核心价值观贯穿于社会生活方方面面。要通过教育引导、舆论宣传、文化熏陶、实践养成、制度保障等，使社会主义核心价值观内化为人们的精神追求，外化为人们的自觉行动。要利用各种时机和场合，形成有利于培育和弘扬社会主义核心价值观的生活情景和社会氛围，使核心价值观的影响像空气一样无所不在、无时不有，形成主流正能量。

其次，要加强与社会主义核心价值观相适应的制度建设，形成良好的制度环境。没有制度的支撑，任何作为观念形态的核心价值观都会成为空话。社会基本制度直接决定着人们在现实社会生活中的相互关系，决定着人们各自的政治经济地位，因而对人们价值观念的形成起着直接的有决定意义的制约作用。必须充分发挥制度的保证作用和政策的导向作用，使经济、政治、文化、社会等方方面面的制度、政策都有利于社会主义核心价值观的培育，要用法律来推动核心价值观建设。

推动核心价值观的践行，还应当把抓建设与抓治理结合起来。各种社会管理要承担起倡导社会主义核心价值观的责任，注重在日常管理中体现价值导向，使符合核心价值观的行为得到鼓励、违背核心价值观的行为受到制约。要集中力量对人们反映强烈的道德领域突出问题进行专项整治。对那些伤风败俗的丑恶行为和那些激起公愤的缺德现象，要充分运用舆论手段、经济手段、法律手段等予以遏制，加强惩戒，形成社会压力，决不能听之任之。

五、社会主义和谐社会的精神支撑

“社会主义和谐社会”重大范畴，由党的十六届四中全会《关于加强党的执政能力建设的决定》首次完整提出。《决定》将其列为党的五大执政能力之一。这一思想在之前的十六大报告已有所体现，十六大报告在阐述全面建设小康社会的宏伟目标时，把社会更加和谐作为中国共产党要为之奋斗的一个重要目标明确提出来。党的十六届六中全会做了《关于构建社会主义和谐社会若干重大问题的决定》，明确提出社会和谐是中国特色社会主义的本质属性，是国家富强、民族振兴、人民幸福的重要保证，把社会和谐写入我国社会主义现代化建设的总体目标，系统阐述了社会主义和谐社会的指导思想和目标任务。党的十七大把促进社会和谐确定为大会主题的重要内容，把积极构建社会主义和谐社会作为深入贯彻落实科学发展观的四项要求之一，并且第一次在党的代表大会报告中列专章阐述社会建设，部署和谐社会建设要着重抓好的各方面工作。党的十八大报告进一步强调，加强社会建设，是社会和谐稳定的重要保证，必须从维护广大人民根本利益的高度，加快健全基本公共服务体系，加强和创新社会管理，推动社会主义和谐社会建设。

构建社会主义和谐社会，不但需要加快经济发展，奠定坚实的物质基础；需要发展社会主义民主政治，切实落实依法治国基本方略，保障社会成员之间的政治、经济、社会关系；而且还需要构建社会主义核心价值观，为社会和谐提供强有力的精神支撑。习近平总书记指出："培育和弘扬核心价值观，有效整合社会意识，是社会系统得以正常运转、社会秩序得以有效维护的重要途径，也是国家治理体系和治理能力的重要方面。历史和现实都表明，构建具有强大感召力的核心价值观，关系社会和谐稳定，关系国家长治久安。"一个国家、一个社会，没有核心价值观，就等于没有灵魂，就会失去凝聚力和生命力。核心价值观贯穿于构建社会主义和谐社会全过程，它为和谐社会的发展提供正确的价值导向、强大的凝聚力和科学的行为准则。构建社会主义核心价值观，既是构建社会主义和谐社会的重要内容，也是实现社会和谐的重要前提条件。

（一）社会主义核心价值观为构建和谐社会提供正确的价值导向和奋斗目标

价值导向是核心价值观最基本的功能。任何一个社会的发展，都需要通过一定的价值观，为其提供正确的导向和奋斗目标。只有确立统一的价值目标，才能使人们在行动上保持一致，保证社会和谐发展。没有正确的价值导向，就没有思想上的和谐，也就无法实现社会和谐。在当代中国，由于社会经济成分、组织形式、就业方式、利益关系和分配方式的多样化，再加上西方资本主义价值观的冲击，社会价值观出现了多样化的态势。随着全面改革的深入、体制的转变、利益关系的日益复杂化和社会矛盾的新变化，要使人们在利益关系的得失比较和现实矛盾的处理中分清主次轻重，最终谋求和谐相处，必须明确共同的价值目标和发展方向。只有使人民群众在发展的前途与命运、根本利益与长远利益上达成共识，社会和谐才是可能的。我们这样一个拥有 13 亿人口的大国，如果没有共同的价值导向和奋斗目标，每个人都为了个人利益最大化而相互争斗，为了达到个人目的而不择手段，建设社会主义和谐社会的目标就是一句空话。

社会主义核心价值观能够为建设社会主义和谐社会确立正确的价值导向和奋斗目标，对社会和谐发挥巨大的价值引领作用。在构建社会主义和谐社会过程中，社会主义核心价值观处于中心地位，具有主导作用。它不仅左右着人们在政治、经济、社会、伦理、审美、历史领域对于是非、善恶、美丑、正邪的基本判断，而且集中体现了人们关于个人、家庭、国家乃至社会的终极理想；不仅体现了和谐社会的本质属性及其自身发展的内在要求，而且承载着为中国特色社会主义社会的和谐发展提供精神动力、智力支持和思想保证的历史使命。

我们可以对社会主义和谐社会的基本特征做一下具体分析。胡锦涛在省部级主要领导干部提高构建社会主义和谐社会能力专题研讨班开班式上指出，我们所要建设的社会主义和谐社会，应该是民主法治、公平正义、诚信友爱、充满活力、安定有序、人与自然和谐相处的社会。这是对社会主义和谐社会基本特征的精辟概括。

民主法治，就是社会主义民主得到充分发扬，依法治国基本方略得到切实落实，各方面积极因素得到广泛调动；公平正义，就是社会各方面的利益关系得到妥善协调，人民内部矛盾和其他社会矛盾得到正确处理，社会公平和正义得到切实维护和实现；

诚信友爱，就是全社会互帮互助、诚实守信，全体人民平等友爱、融洽相处；充满活力，就是能够使一切有利于社会进步的创造愿望得到尊重，创造活动得到支持，创造才能得到发挥，创造成果得到肯定；安定有序，就是社会组织机制健全，社会管理完善，社会秩序良好，人民群众安居乐业，社会保持安定团结；人与自然和谐相处，就是生产发展，生活富裕，生态良好。这六个基本特征是相互联系、相互作用的，它既包括社会关系的和谐，也包括人与自然关系的和谐，从不同的层面体现了社会主义核心价值观的价值取向和根本要求。

发挥社会主义核心价值观的价值导向作用，必须把培育社会主义核心价值观当作一项基础性工程常抓不懈，在全社会牢固树立起建设富强、民主、文明、和谐的社会主义现代化国家，建设自由、平等、公正、法治社会，促进人的自由、全面发展的共同价值取向和奋斗目标，以此来引领社会思潮，尊重差异，包容多样，最大限度地形成推动社会和谐发展的精神动力。

（二）社会主义核心价值观为构建和谐社会提供强大的精神凝聚力

和谐社会不是没有利益冲突的社会，也不是没有矛盾的社会。在构建社会主义和谐社会过程中，不平衡、不协调的现象以及各种社会矛盾会始终存在。马克思主义的唯物辩证法告诉我们，矛盾是普遍存在的，旧的矛盾解决了，又会产生新的矛盾。推动社会主义社会发展的仍然是矛盾运动，矛盾斗争是绝对的，统一和谐是相对的。我国社会在整体上是非对抗性社会，而且处于朝气蓬勃的上升发展时期，大量的、占主导地位的是人民内部矛盾。在新的形势下，由于经济、政治、思想文化领域以及社会生活领域的各种矛盾相互交织、相互影响，我们面对的人民内部矛盾是错综复杂的，有时甚至是相当尖锐的。其主要表现为物质利益矛盾越来越突出；群体之间的矛盾日渐显现；思想政治矛盾冲突多变；民族宗教矛盾错综复杂；矛盾对抗性因素明显增加等等。特别是全面深化改革，在进一步改革旧体制的同时，必然会引起社会利益关系或利益结构的调整，不仅会触犯一些人的利益，而且还会带来人们之间、不同社会群体之间以及不同地域之间一定程度的贫富差距或经济发展的不平衡性。这类问题如果不能得到妥善处理，就可能使一些社会矛盾激化，引起思想上的混乱，导致人心离散，影响社会的团结和谐。

要妥善处理各种社会矛盾，提升整个社会的凝聚力，就必须培育和践行社会主义核心价值观，为凝聚人心提供强大的精神力量。邓小平同志说：“我认为，最重要的是人的团结，要团结就要有共同的理想和坚定的信念。我们过去几十年艰苦奋斗，就是靠用坚定的信念把人民团结起来，为人民自己的利益而奋斗。没有这样的信念，就没有凝聚力。没有这样的信念，就没有一切。”①

社会主义核心价值观有利于化解矛盾、凝聚人心，可以为构建社会主义和谐社会打牢思想基础，在全社会形成心齐、气顺、劲足的良好氛围。社会主义核心价值观之所以具有凝心聚力的重大作用，就在于它鲜明体现了中国特色社会主义社会主导性的价值准则，以及所追求的价值理想。“三个倡导”24个字的归纳，覆盖了全国各方面关于社会主义核心价值观表述的意见。其中，富强、民主、文明、和谐体现了社会主义核心价值观在发展目标上的规定，是立足国家层面提出的要求；自由、平等、公正、法治体现了社会主义核心价值观在价值导向上的规定，是立足社会层面提出的要求；爱国、敬业、诚信、友善体现了社会主义核心价值观在道德准则上的规定，是立足公民个人层面提出的要求。社会主义核心价值观把个体和集体、整体的利益追求更好地联结起来，更加明确了不同社会阶层、群体、个体的价值目标，凝聚了国家、社会、个人不同层面的价值认识，是当前我国社会价值观的“最大公约数”，能够最大限度整合各利益相关者及行为主

---

① 《邓小平文选》第3卷，第190页。

体的积极性、主动性、创造性，能够引领整合多样化社会思想意识。当前，全党全国各族人民都在深入贯彻党的十八大和十八届三中全会精神，为全面建成小康社会、进而建成富强民主文明和谐的社会主义现代化国家、实现社会主义社会的和谐发展而奋斗。在这个过程中，必须高度重视精神力量的激励和凝聚作用。人民都有信仰，国家才有力量。建设社会主义和谐社会，必须用全党全社会普遍认同的核心价值观来凝聚共识、凝聚力量。

（三）社会主义核心价值观为构建和谐社会提供科学的行为准则

任何社会要想稳定和谐，除了制定法律法规来规范人们的行为，还必须确立一定的道德规范、行为准则来调节个人与社会、个人与他人的关系。否则，这个社会就是病态的，不但难以实现和谐，甚至稳定也不可能。这种道德规范、行为准则是一种涵盖广泛的“软约束”，它以一种无形的精神、价值观、传统力量等因素，造成强大的、使个体行为公众化的群体心理压力和动力，使社会成员产生心理共鸣、心理约束，从而起到对行为的自我控制。这种无形的“软约束”具有更持久、更强大的效果。它作为社会行为准则还有一种凝聚功能，通过社会成员的习惯、知觉、信念、动机、期望等微妙的文化心理来沟通同一社会环境人员的思想，使人们产生对人生目标、准则和观念的认同感，使他们乐于参加社会事务，充分发挥自己的聪明才智，为推动社会发展做出贡献。同时社会群体对社会成员进行鼓励和认可，又会大大加强社会成员的主人翁意识，增强对群体的归属感，使该社会形成强大的凝聚力和向心力。

价值观是人们心中的深层信念，是判断是非的标准，能够深刻影响人们的行为选择。在实际生活中，人们受不同的价值观驱动，往往会按照不同的行为准则做出不同的行为选择。同样对待财富，有的是“君子爱财，取之有道”，有的是不择手段，甚至违法犯罪；同样对待权力，有的是秉公用权、执政为民，有的是以权谋私、滥用权力；同样对待法纪，有的是遵纪守法、不越雷池，有的是目无法纪、徇私枉法；等等。社会主义核心价值观所蕴含的是社会主义最基本、最核心、最重要的价值理念，表达了政治理想、社会导向、行为准则的统一，主要是通过一定的道德标准和社会公认的行为规范来调整人与人之间以及个人与社会之间的关系。它通过倡导正确的善恶、美丑观念塑造个人内心的道德标杆，培养理想人格、孕育内心和谐，完善个人内在的道德精神，创造和谐的精神世界。培育和践行社会主义核心价值观，就是要引导人们树立正确的道德观，培养良好的道德品质，形成并遵守共同的社会道德规范和行为准则，为和谐社会建设提供坚强的道德支撑。

（四）以社会主义核心价值观引领社会治理机制创新

推进社会主义和谐社会建设，要求我们必须适应社会发展的客观要求，不断创新社会管理体制，推进国家治理体系、治理能力现代化。这里说的国家治理体系，是党领导人民管理国家的制度体系，包括经济、政治、文化、社会、生态文明和党的建设等各领域的体制、机制和法律法规安排，也就是一整套紧密相连、相互协调的国家制度。国家治理能力，是运用国家制度管理社会各方面事务的能力，包括改革发展稳定、内政外交国防、治党治国治军等各个方面的能力。国家治理体系和治理能力是一个国家的制度和制度执行能力的集中体现，两者相辅相成。推进国家治理体系和治理能力现代化，就是使国家治理体系制度化、科学化、规范化、程序化，使国家治理者善于运用法治思维和法律制度治理国家，从而把中国特色社会主义各方面的制度优势转化为治理国家的效能。

今年 2 月 17 日，在省部级主要领导干部学习贯彻十八届三中全会精神全面深化改革专题研讨班上，习近平总书记发表重要讲话。他指出：“推进国家治理体系和治理能力现代化，要大力培育和弘扬社会主义核心价值体系和核心价值观，加快构建充分反映中国特色、民族特性、时代特征的价值体系。”习近平总书记的重要讲话，从战略高度阐明了社会主义核心价值观对于国家治理现代化的重要性。任何一种社会制度的背后，都有其核心价值观。社会主义核心价值观是推进国家治理现代化的最重要力量。制度安排是价值取向的体现。没有自己的精神独立性，政治、思想、文化、制度等方面的独立性也就失去了根基。价值认同是制度执行、治理优化的重要基础，现代化的国家治理，需要核心价值体系的导航定向，需要坚如磐石的精神和信仰力量。践行社会主义核心价值观是社会治理的重要内容，也是推动国家治理体系和治理能力现代化的根本途径。只有把社会主义核心价值观融入社会基本制度安排，贯彻落实到创新社会治理之中，才能保障社会的和谐、稳定与繁荣。

以社会主义核心价值观为引领，强化社会治理的道德基础。改革开放三十多年来，我们在经济领域取得了巨大成就，但也面临着一些新的社会问题。在市场经济的大潮中，一些人滋生了拜金主义、消费主义、唯利是图等道德观念，在追求经济效益的过程中，突破道德底线，严重扰乱了社会秩序。就社会管理来说，我们也曾因为一度过分关注经济效率而客观造成了道德的边缘化。社会主义核心价值观既表达出建设富强国家的共同理想，又彰显出营造文明、和谐社会的美好期待。大力倡导以富强、民主、文明和谐，自由、平等、公正、法治，爱国、敬业、诚信、友善为基本内容的社会主义核心价值观，不仅是社会主义文化建设的重要内容，更是社会治理的道德制高点。在社会治理中，一方面要充分发挥市场机制在财富创造、资源配置方面的独特优势，激发社会活力，提高社会治理效率；另一方面则要倡导文明的社会风尚，在社会治理与社会道德之间建立互助互补的协同机制，形成利益与道德的正向联系。中共中央办公厅印发的《关于培育和践行社会主义核心价值观的意见》指出：要把践行社会主义核心价值观作为社会治理的重要内容，融入制度建设和治理工作中，创新社会治理，完善激励机制，褒奖善行义举，实现治理效能与道德提升相互促进，形成好人好报、恩将德报的正向效应。在日常治理中鲜明彰显社会主流价值，使正确行为得到鼓励、错误行为受到谴责，为经济发展和社会治理集聚强大的正能量。这就为我们在创新社会管理过程中践行社会主义核心价值观指明了方向。

以社会主义核心价值观为引领，创造社会治理的文化环境。社会治理体系和治理能力的现代化离不开现代文化环境。当前我国社会越来越呈现出党和国家指导思想的一元化同人民群众利益追求和社会价值多样化并存的特点。一方面，马克思主义仍然在意识形态领域占据指导地位；另一方面，在意识形态领域和价值追求上，也越来越呈现出多元、多样、多变的新特点。特别是在全球化背景下，以美国为代表的西方国家为了达到经济和政治上的目的，从未放弃按照自己的意愿和价值取向对我国进行文化渗透，宣扬美国的意识形态、生活方式和价值观念。这就决定了在全球化的背景下，中国文化安全必然面临来自外部的严峻挑战和威胁。在这种背景下，我们只有坚持社会主义核心价值观的引领，才能应对多元文化所带来的挑战和干扰。只有紧紧围绕建设社会主义核心价值观推动社会主义文化大发展大繁荣，形成以社会主义核心价值观为内核的主流文化，才能为国家管理体系和管理能力的现代化营造良好的社会文化氛围，形成良性的舆论环境，创造优良的人文社会环境。

六、维护我国意识形态安全的迫切需要

习近平总书记于 2013 年 8 月 19 日在全国宣传思想工作会议上的重要讲话中指出，经济建设是党的中心工作，意识形态工作是党的一项极端重要的工作。这就明确告诉我们，做好意识形态工作，维护国家意识形态安全，关系党和国家工作全局，对于提高党的执政能力、巩固党的执政地位，促进中国特色社会主义事业顺利发展有着重大意义。

意识形态是系统地、自觉地、直接地反映社会经济形态和政治制度的思想体系，包括政治、法律、思想、道德、文学艺术、宗教、哲学和其他社会科学等意识形态。每个社会的统治阶级的意识形态，都是该社会占统治地位的意识形态，它集中反映该社会的经济基础，表现出该社会的思想特征。

国家意识形态安全是国家安全体系的重要内容，直接关系到一个国家、一个政权的存亡与安危。意识形态安全是指能够防范来自内部或外部各种因素的侵蚀，很好地维持国家意识形态正常生存和正常发挥功能，并且使国家意识形态得到大多数社会成员的认同和拥护。在意识形态的形成过程中，价值观作为一种尺度或准则，起着决定性的作用，对意识形态具有强烈的价值导向功能。社会主义核心价值观是社会主义意识形态的核心。在全球化背景下，我国意识形态安全受到来自国内外的严峻挑战。要维护国家意识形态安全，必须充分发挥社会主义核心价值观的引领作用，不断增强社会主义意识形态的吸引力和凝聚力。

（一）全球化背景下我国意识形态安全受到来自国内外的严峻挑战

全球化给中国意识形态的发展带来了新的机遇，同时也给中国意识形态安全带来了极大的冲击和威胁。

首先，是来自外部的威胁和挑战。由于信息技术革命和资本的全球性流动为文化的广泛和快捷的传播提供了载体、工具和渠道，世界范围内各种思想文化交流、交融、交锋日益频繁。随着国与国相互依存日益紧密，各种思想文化在更大范围、更深层次相互激荡、彼此碰撞。我们将长期面对西方在经济、科技和文化传播方面占优势的压力，意识形态领域渗透和反渗透的斗争十分尖锐复杂。以美国为代表的西方发达国家凭借强大的政治、经济和军事等方面的优势，运用各种手段向中国推销西方的意识形态、价值观念和生活方式。前美国总统国家安全事务顾问布热津斯基在《失去控制》一书中早已指出：削弱民族国家主权，增强美国的文化作为世界各国的“榜样”的文化和意识形态力量，是美国维持其霸权地位所必须实施的战略。其进行文化扩张和意识形态渗透的主要手段有：

假手对外文化教育交流、援助项目以及培植代理人等方式进行文化扩张和意识形态渗透。尼克松曾主张“利用人员的交流、交换书籍或广播节目”，利用西方的“精神和文化价值观”，影响和动摇社会主义国家人民的信念，从而逐渐侵蚀社会主义的基础。战后，美国政府陆续推出了多项文化教育交流及援助项目，在全球范围内加以实施。西方一些政治家还提出，要着眼于“在中国培养一批有实力的中间阶层”“社会精英”，并力图以西方的价值观、政治观、民主观乃至思维方式影响、征服和控制他们。通过以上活动，西方的价值观念、意识形态大量地渗透到中国。

凭借覆盖全球的综合信息传播体系进行文化扩张与意识形态渗透。除了通过传统新闻媒体进行文化宣传，还利用互联网新渠道进行思想文化渗透和推行强权政治。继报刊、广播、电视之后被称为“第四媒体”的互联网发展迅速，影响日深。互联网的应用使以美国为首的西方国家推销其意识形态获得了极大的便利，对我国的意识形态安全造成了极大的冲击和危害。

通过大规模输出精神文化产品，宣扬西方的意识形态、生活方式和价值观念。西方的文化产品早已超越了其表面价值，成为他们输出意识形态、生活方式、价值观念和思维方式的工具。美国的文化产品大量地进入中国，吸引了大批的中国观众和听众，潜移默化地改变着他们的思想观念、思维方式和生活方式，使一些人对主流意识形态的认同感和归属感弱化，甚至崇拜西方的意识形态和社会制度，发生人生观、价值观、世界观的扭曲错位。

其次，是来自我国内部的威胁和挑战。随着改革开放的深入、市场经济的发展、文化的商业化运作，西方资产阶级意识形态和价值观纷纷涌入，我国在文化建设特别是在意识形态领域也出现了一些不容忽视的问题。

一是对意识形态领域中的斗争缺乏清醒的认识，意识形态领域工作有弱化倾向。在实际工作中，往往只注意了“泛意识形态化”的弊端，而对于西方企图渗透进来的东西，无论是其政治思想、价值观念，还是生活方式，往往在“非意识形态”思想的支配下，自动地放弃了批判的武器。与此同时，意识形态工作在内容、形式、方式、方法、机制等方面的僵化并没有得到根本性的转变。

二是一些人片面地强调思想的“多样化”和“多元化”，甚至有意无意地借其他社会思潮冲击、取代马克思主义在意识形态领域的主导地位，马克思主义在思想文化领域的指导地位有某种程度的削弱，一定程度上造成了社会思想混乱，给我国的意识形态安全造成冲击。

三是商品化倾向和腐朽没落文化的挑战。在发展社会主义市场经济的条件下，市场经济的竞争原则从交换价值的角度刺激、迫使人们的利益功能增强，而从人的全面发展角度去发挥积极性、主动性和创造性的功能则受到抑制，致使人的片面发展倾向有所增强，拜金主义、极端利己主义、极端个人主义思想日益膨胀，集体主义、奉献精神等社会主义观念受到空前的挑战。要求文化遵循“市场经济规律”的观点在相当范围内存在，文化本身在商品经济的侵蚀下日益失去自身的特殊性和独立性，有逐步蜕变为一般商品的危险。另外，伴随商品经济的发展，社会上也出现不少带有迷信、愚昧、颓废、庸俗等色彩的落后文化，甚至还存在一些腐蚀人们精神世界、危害社会主义事业的腐朽文化。这些腐朽没落文化的存在，与社会主义的先进文化方向背道而驰，严重地危害着我国意识形态安全。尤其是当前政治生活中存在的权钱交易、以权谋私、贪污腐败等丑恶现象，严重地败坏了党和社会主义意识形态在群众中的形象。

总之，在全球化的背景下，以美国为首的西方国家文化扩张和意识形态渗透的外来威胁与中国意识形态领域存在的内部问题的相互交错和共同作用，已经使我国意识形态安全受到极大威胁和挑战。如何顺应全球化的潮流，有效抵制西方意识形态的渗透，抵制一切腐朽没落的消极文化因素以及其他一切与马克思主义相违背的文化的侵蚀与影响，维护好国家意识形态安全，是摆在我们面前的一项紧迫而又现实的任务。

（二）培育和践行社会主义核心价值观，增强社会主义意识形态的吸引力和凝聚力

维护我国意识形态安全，迫切需要培育和践行社会主义核心价值观。社会主义核心价值体系和价值观是社会主义意识形态的核心和灵魂，是社会主义意识形态的本质体现，它为意识形态的形成与构建提供评价标准和价值目标，是影响意识形态功能发挥的关键因素。只有建立以社会主义核心价值观为内核的先进意识形态，才能使其有效避免各种有害因素的侵袭和冲击，进一步增强吸引力和凝聚力，为中国特色社会主义事业筑起坚不可摧的思想政治基础。

以社会主义核心价值观为引领，巩固马克思主义在意识形态领域的指导地位。党的十八大报告对我国意识形态的精神内核明确概括为包括四个方面基本内容的社会主义核心价值体系：即马克思主义指导思想、中国特色社会主义共同理想、以爱国主义为核心的民族精神和以改革创新为核心的时代精神、社会主义荣辱观；以及蕴含着富强、民主、文明、和谐、自由、平等、公正、法治、爱国、敬业、诚信、友善等价值要素的核心价值观。在社会主义核心价值体系内部，马克思主义是指导思想，它决定了社会主义核心价值体系和价值观的性质和方向。当前，维护国家意识形态安全，就必须按照社会主义核心价值体系和核心价值观的根本要求，进一步巩固马克思主义在意识形态领域的指导地位。马克思主义为我们提供了正确的世界观和方法论，提供了正确认识世界和改造世界的强大思想武器。只有用马克思主义的立场、观点、方法来正确认识经济社会发展大势，正确认识社会思想意识中的主流与支流，才能在错综复杂的社会现象中看清本质、明确方向。随着改革开放的深入，我国社会经济成分、组织形式、

利益关系和分配方式日益多样化，人们的价值选择、社会意识、生活方式也日趋多样化。我们必须看到，意识形态越是纷纭复杂，就越需要主心骨；社会越是多样化，就越需要引导社会协调发展的理想信念和奋斗目标。面对思想文化和价值观念的多样化，我们更需要强调和坚持指导思想和主导价值的一元化；更需要坚持马克思主义的指导地位不动摇，牢牢掌握意识形态领域的指导权、主动权、话语权，更好地用社会主义核心价值体系和核心价值观引领社会思潮。在这个前提下，尊重差异，包容多样，充分挖掘和鼓励不同阶层、不同群体所蕴含的积极向上的思想精神。同时必须指出，尊重差异，包容多样，绝不是允许各种反马克思主义的社会思潮滋长，更不允许动摇我们的主流意识形态。必须始终高举马克思主义的旗帜，始终坚持用马克思主义中国化的最新成果武装全党、教育人民，不断巩固和发展社会主义意识形态。如果动摇了马克思主义的指导地位，就会失去全党全国各族人民团结奋斗的共同思想基础，就会导致思想混乱、社会动荡，给国家和民族带来巨大的灾难。

以社会主义核心价值观为引领，坚定中国特色社会主义共同理想信念。社会主义意识形态一个重要的本质特征，就是坚持中国特色社会主义共同理想。社会主义核心价值观凝练和概括了社会主义意识形态的这一本质特征，以丰富的价值理论、价值理想和价值标准，对中国特色社会主义做了科学论证，为维护社会主义经济政治秩序提供了价值支撑。社会主义核心价值观反映了中国特色社会主义道路和制度的本质要求，体现了广大人民群众的根本利益，昭示了中国特色社会主义的发展方向，是全国各族人民团结奋斗的共同价值观念基础。维护我国意识形态安全，就要依据社会主义核心价值观的本质要求，坚定中国特色社会主义理想和信念，具体说就是要坚定中国特色社会主义的道路自信、理论自信、制度自信。党的十八大报告强调，中国特色社会主义道路、中国特色社会主义理论体系、中国特色社会主义制度，是党和人民九十多年奋斗、创造、积累的根本成就。中国特色社会主义道路是实现途径，中国特色社会主义理论体系是行动指南，中国特色社会主义制度是根本保障，三者统一于中国特色社会主义伟大实践。这是中国特色社会主义的最鲜明特色。只要我们胸怀理想、坚定信念不动摇，就一定能确保我国意识形态的社会主义性质，为建成富强、民主、文明、和谐的社会主义现代化国家提供精神动力和思想保障。

以社会主义核心价值观为引领，增强社会主义意识形态的感染力和吸引力。国家意识形态安全的根本，是指国家意识形态得到最广大人民群众的认同。社会主义核心价值观具有提升意识形态发挥作用的功能。首先，它引领我国意识形态符合社会发展要求和促进社会进步，体现广大人民群众的根本利益，注重满足人们最关心的利益需求，必然得到人民群众的赞成和认同。其次，它以简洁明快、富于感染力的话语解读社会主义意识形态，对社会主义意识形态内容高度凝练和概括，以极少的观念和范畴揭示社会主义意识形态的精神实质，体现社会主义意识形态的本质和灵魂。这不仅可以强化社会主义意识形态的深层统一性，而且引人入胜，喜闻乐见，便于人民群众理解、认同、传播和记忆，能够极大地增强社会主义意识形态的吸引力、感召力、凝聚力和征服力。

第三章 社会主义核心价值观的内容分析

党的十八大从国家、社会、个人三个层面对社会主义核心价值观作了概括，准确地揭示了其内容，说出了全国各族人民的心声，为我们把握社会主义核心价值观提供了重要依据。在此之前，理论界、学术界从不同方面对社会主义核心价值观进行探讨，对于其内容也都有一定的认识。但是，这样从国家、社会、个人三个层面对社会主义核心价值观的揭示，用 24 个字完整、科学地概括了社会主义核心价值观的内容，是中国共产党及全国人民在认识上的重大飞跃和理论上的重大突破，为在全国培育和践行社会主义核心价值观提供了有利条件。

一、国家层面：富强、民主、文明、和谐

在国家层面上，社会主义核心价值观的主要内容可以概括为 8 个字：富强、民主、文明、和谐。一提到国家，许多人都以为对国家很熟悉、很明白。但这恰好应了德国哲学家黑格尔的一句话："熟知并非真知。"有的人认为，国家，不就是家的放大吗？就像成龙所唱的《国家》这首歌的歌词里那样，"都说国很大，其实一个家"，"家是最小国，国是千万家"。其实，国家远非一般人所想象的那样简单，它是在人类社会的发展中逐渐形成的一种高层次的、复杂的共同体，由一定范围内的人群集合而构成，他们享有共同的领土、政府、历史、文化等，在内、在外都被认同。这才是我们所说的国家。

同时，我们所说的国家，还具体指中华人民共和国，这正是

我们生存生活的这块土地。中华人民共和国是在中国共产党的领导下，中华民族经过 28 年艰苦卓绝的奋斗，推翻了压在中国人民头上的三座大山，在 1949 年 10 月 1 日成立了新中国。我们说的国家层面上的价值观，也就是中国共产党领导下的中华人民共和国的理念、理想。我们认识到这一理想目标也是经过了艰苦的探索才得到的，并非一蹴而就。

1949 年 9 月 29 日中国人民政治协商会议通过的《共同纲领》，对中华人民共和国的理想目标就明确地作了概括。《共同纲领》总纲第一条开宗明义地指出："中华人民共和国为新民主主义即人民民主主义的国家，实行工人阶级领导的、以工农联盟为基础的、团结各民主阶级和国内各民族的人民民主专政，反对帝国主义、封建主义和官僚资本主义，为中国的独立、民主、和平、统一和富强而奋斗。"从 1949 年到 1979 年这 30 年间，中国共产党在实现这一理想目标的过程中，既有成功的经验，也有失败的教训。改革开放以后，中国共产党领导全国人民在探寻这一理想目标的过程中，从实践和理论两个层面上都取得了较大进展。在 1987 年 10 月召开的党的十三大上，明确提出了富强、民主、文明的奋斗目标，2006 年 10 月召开的党的十六届六中全会上，又明确出了构建社会主义和谐社会的目标，这样，在"富强、民主、文明"的理想目标上又增加了"和谐"的内容，从此，我们国家的理想目标日趋明确、完整。2013 年 11 月，在党的十八大报告中，就明确提出了国家层面的核心价值观：富强、民主、文明、和谐。下面从这四个方面分析一下：

（一）富强

富强是相对于贫弱来讲的，就是指国家的富裕、强大。把这一条列在首位，就是要强调，一个国家的富裕、强大是极为重要的，因为它是这个国家的人民安身立命的根本。中国在 1840 年鸦片战争以后，逐渐沦为半封建半殖民地，成为西方列强竞相欺负、宰割的对象，大大小小的帝国主义国家，无一不想在中国捞把油水，以满足它们侵略扩张的野心。从1840年鸦片战争起到1911年辛亥革命，在这三十多年中，清政府就与帝国主义国家签订了几十个不平等条约，仅仅与日本签订的《马关条约》一项，就赔款白银两亿两。在这段屈辱的历史中，中国日趋积贫积弱，与富强渐行渐远。

19世纪中后期，以曾国藩、李鸿章、左宗棠、张之洞为代表的清政府中的洋务派，也曾经提出“师夷长技以制夷”的口号，试图“自强求富”，但他们的梦想都破灭了。其后，以康有为、梁启超、谭嗣同为代表的资产阶级维新派也试图维新变法，也遭到了惨败，付出了血的代价。中国近代这段饱受屈辱的历史，永远地铭刻在国人的心中。

以孙中山为代表的资产阶级革命派旗帜鲜明地喊出了“振兴中华”的口号，进行了挽救中国危亡、推翻封建帝制的探索。经过艰苦的努力，终于在1911年推翻了清政府的统治，建立了中华民国。然而，以孙中山为代表的资产阶级革命派的强国梦也未能实现，其主要原因在于低估了封建势力的影响，没有找到一条适合中国发展的道路。

从1921年起，中国共产党人带领全国人民前仆后继，抛头颅洒热血，经过了艰苦卓绝的革命斗争，推翻了压在中国人民头上的“三座大山”，建立了社会主义新中国，在探索富强的道路上迈出了关键的一步。1955年10月，毛泽东在一次谈话中明确地指出：“我们的目标是要使我国比现在大为发展，大为富、大为发展。”①但是，随后从1957年的“反右派斗争”扩大化开始，对阶级斗争问题的认识发生了偏差，一直到“文化大革命”，人们把阶级斗争这根弦越绷越紧；加之从1958年大跃进开始，左倾冒进的思想充斥着人们的头脑，提出了许多不符合实际的口号，表现出许多不理性的行为。这种主观主义的东西在其后由于没有及时得到纠正，在人们头脑中的影响还是很大的。从1957

① 《毛泽东文集》第6卷，人民出版社，1999年版，第495页。

年“反右派斗争”一直到“文化大革命”结束之前，由于“以阶级斗争为纲”思想的错误指导和对中国国情错误认识而产生的主观主义的影响，国民经济的发展出现了较大问题，物资短缺、多数人不能解决温饱问题的现象严重，以至于在一段时间里大部分的生活用品都需要用“票”买，买粮食要粮票，买布要布票，买肉要肉票，买线要线票，老百姓的基本生活需要得不到满足，更谈不上实现富强梦了。

1976年粉碎“四人帮”之后，中国共产党果断停止了“以阶级斗争为纲”的错误思想，把党的中心工作转移到经济建设上来，通过三十多年的不懈努力，中国发生了翻天覆地的变化。在这三十多年中，我国的国内生产总值每年以平均9%以上的速度发展，我国的经济总量从1978年的世界排名第十一位，上升到目前世界排名第二位，创造了世界经济发展史上的奇迹，外汇储备从1978年的世界排名第四十位，上升到目前世界排名第一位，相当于全球的四分之一，超过美、日、英、法、加、意外汇储备的总和。我国已由一个贫穷落后的国家变成了一个繁荣昌盛的国家，不再受短缺经济的困扰，人民的温饱问题基本得到了解决，人民生活水平有了很大提高，国防建设空前巩固，正在逐步实现全面建成小康社会的目标。正如德国的外交官康拉德·赛茨在其著作《中国：一个世界强国的复兴》所表露的那样，一个强盛的中国正在崛起。

富强，不仅要富，而且要强。中国近代历史上饱受帝国主义国家的欺侮，尝尽了“落后就要挨打”的苦头，也使中国人民认识到强国的重要意义。新中国成立后，我们先后研制出了原子弹、氢弹，打破了帝国主义国家的核垄断和核讹诈。改革开放以来，我们的航天事业也有了神速的发展。从1999年神舟一号飞船上天以来，到目前为止，我们已经成功发送了多个飞船上天，在航天技术上达到了世界先进水平。2012年，我国第一艘航空母舰下水，结束了我国没有航空母舰的历史，也壮大了我国海上的军事力量。中国的强大、强盛是由强大的国防力量作为保障的。

中国富强了，这是整个世界都能感受到的。但是，也必须承认，中国目前还处在社会主义初级阶段，还是一个发展中国家。我们还必须正视我国“人口多、底子薄”这一重要特征。我国的人均 GDP 至 2012 年已经达到了6094美元，世界排名第八十四位，还处在世界各国的中等水平。从这一点上来看，我国富强的目标还没有达到，还需要全国人民的共同努力。由此可见，富强既是我们的价值目标，也是我们的奋斗过程。它是一个相对的概念，只有比较，我们才能对这一概念有一个准确的把握。

把富强作为社会主义核心价值观，就必须进一步在国民经济发展中大力倡导科学发展，转方式、调结构，把人民群众的共同富裕和国家综合国力的提升作为发展首要目标和衡量标准。中国的强国梦是实现中华民族的伟大复兴，具体说就是到 2020 年，国内生产总值和城乡居民人均收入在 2010 年的基础上翻一番，实现全面建成小康社会的奋斗目标，到本世纪中叶，达到中等发达国家的水平，建成富强、民主、文明、和谐的现代化国家。这是中国近代以来无数志士仁人的共同理想，也是中国梦的最重要的内容。

（二）民主

民主，简单地说就是人民当家作主。“民主”一词源于希腊文 demokratia，而这一词是由 demos 和 kratia 这两个词合成的。demos 的意思是人民，kratia 的意思是权力或治理。因此，民主这个词的原意就是指人民的治理、人民的选择。虽然在古希腊时期就已经有了民主的理念，但人类在探索民主的里程中却付出了艰辛的代价，以至于几千年后的今天，人们对民主的真实含义仍然没有统一的、明晰的认识。

民主作为一个价值理念，是人类在古代就已经开始梦寐以求的价值理想和价值目标。古希腊雅典时期的伯里克利，就尝试把人民和民主政治紧密地联系在一起。他曾经说：“我们的制度之所以被称为民主政治，因为政权在全体公民手里。”[①]启蒙思想家对民主的含义作了扩展，他们认为民主就是人民的统治。如卢梭就认为，民主就是把权力“置于普遍意志的最高指导之下”[②]。西方现代思想家密尔提出，代议制民主是最好的民主形式。所谓代议制，就是公民通过选举代表的方式掌握国家的权力。总的来说，西方近现代的民主理念可以概括为：政府的权力源于人民的授予，同时政府的权力又要受到人民的限制。只有这样，才能确保使政府严格限定在国家宪法和民众意愿的范围内，使政府正确行使由人民所授权委托的那部分权力，从而对公共事务进行集中管理和决策。作为在人类文明史上发展起来的资产阶级民主理念、民主制度，也必须承认它具有一定的进步意义。

民主在马克思恩格斯那里，是一个重要的价值理念。在《共产党宣言》中，他们指出：“工人革命的第一步就是使无产阶级上升为统治阶级，争得民主。”[③]民主是社会主义的政治本质，社会主义推翻资本主义的首要任务就是让人民当家做主。

中国近现代民主的理念，主要有两个来源：一是源自于西方资产阶级民主理念。戊戌维新派和立宪派的民主思想中，具有兴民权和君主立宪的思想。资产阶级革命派的民主思想中，包含了西方民主思想中的主权在民、自由、平等和实行民主共和制度等内容。如孙中山就认为，所谓民国就是以国家为人民之公产，凡人民之事，人民公理之。另一来源是社会主义的民主思想。1945年7月，黄炎培到延安访问，与毛泽东在窑洞里有段著名的对话，谈到了“历史周期律”的问题。黄炎培首先讲道：我生六十多年，耳闻的不说，所亲眼看到的，真所谓“其兴也浡焉”，“其亡也忽焉”，一人，一家，一团体，一地方，乃至一国，不少单位都没有能跳出这周期律的支配力，大凡初时聚精会神，没有一

---

① 转引自：修昔底德：《伯罗奔尼撒战争史》，商务印书馆，1960年版，第130页。

② 〔法〕卢梭：《社会契约论》，商务印书馆，2003年版，第20页。

③ 《马克思恩格斯选集》第1卷，人民出版社，1995年版，第293页。

事不用心，没有一人不卖力，也许那时艰难困苦，只有从万死中觅取一生。既而环境渐渐好转了，精神也就渐渐放下了。有的因为历时长久，自然地惰性发作，由少数演为多数，到风气养成，虽有大力，无法扭转，并且无法补救。也有为了区域一步步扩大了，它的扩大，有的出于自然发展，有的为功业欲所驱使，强求发展，到干部人才渐见竭蹶，艰于应付的时候，环境倒越加复杂起来了。控制力不免趋于薄弱了。一部历史，“政怠宦成”的也有，“人亡政息”的也有，“求荣取辱”的也有。总之没有能跳出这周期律。中共诸君从过去到现在，我略略了解的了。就是希望找出一条新路，来跳出这周期律的支配。毛泽东答道：我们已经找到新路，我们能跳出这周期律。这条新路，就是民主。只有让人民来监督政府，政府才不敢松懈。只有人人起来负责，才不会人亡政息。毛泽东等中国共产党人所倡导的新民主主义，其核心内容就是民主。实行民主是毛泽东的一贯思想。他曾经指出：“中国是有缺点的，而且是很大的缺点，这种缺点，一言以蔽之，就是缺乏民主。中国人民非常需要民主，因为只有民主，抗战才有力量，中国内部关系与对外关系，才能走上轨道，才能取得抗战的胜利，才能建设一个好的国家，亦只有民主才能使中国在战后继续团结。中国缺乏民主，是在座诸位所深知的。只有加上民主，中国才能前进一步。”①他提出和阐述了他的“各方面实行民主”的观点。他认为：“民主必须是各方面的，是政治上的、军事上的、经济上的、文化上的、党务上的以及国际关系上的，一切这些，都需要民主。”②在各方面的民主中，政治民主是最原始、最直接的内涵，也是中国人民的首要奋斗目标。毛泽东在新民主主义理论中所论述的民主主要还是从政治层面讲的，它包括三个方面的内容：第一，在国体形式上，实行“各革命阶级的联合专政”；第二，在政体形式上，实行“民主集中制”；第三，给予人

---

① 《毛泽东选集》第3卷，人民出版社，1996年版，第168页。

② 《毛泽东选集》第3卷，人民出版社，1996年版，第169页。

民以各种权利与自由。通过对各方面民主的分析，我们可以从广义和狭义两个方面把握民主的含义。从广义角度看，民主是在社会治理中，以尊重人们的平等权利和多数人的意志、利益为原则的制度和体制。从狭义角度看，表现在国家治理的过程中，民主表现为一种国家形式、一种国家形态，即“少数服从多数”的国家。

人民如何当家做主，怎样掌握国家权力？这就是一个民主的形式问题。代议制民主和直接民主，都是民主的不同形式。西方国家的代议制民主，就是议会。我国实行的代议制民主的形式，就是人民代表大会制度。议会和人民代表大会制度，是代议制民主的两种形式。除了代议制民主的形式，还有协商民主和选举民主、票决民主等形式。新中国建立后，中国共产党人开始着力探索中国特色社会主义民主政治，而社会主义民主政治的本质与核心就是人民当家做主。社会主义国家，是一种与以前一切国家根本不同的新的国家形态。它是建立在社会主义生产资料公有制基础上的，无产阶级和广大劳动人民群众成了国家的主人。人民当家做主，是社会主义的本质要求和内在属性。在社会主义国家，人民群众享有广泛的民主权利，人民作为国家的主人，可以通过各种形式和途径对国家事务进行直接或间接的管理。

我国的国体和政体，体现了社会主义性质，决定了人民在国家中的地位。所谓“国体”，就是指社会中各个阶级在国家中的地位，它决定了国家的性质。所谓“政体”，就是指国家政权的构成形式。我国的宪法明确规定：“中华人民共和国是工人阶级领导的、以工农联盟为基础的人民民主专政的社会主义国家”，“中华人民共和国的一切权力属于人民”，“人民行使国家权力的机关是全国人民代表大会和地方各级人民代表大会”。我国的国体决定了人民是国家的真正主人。我国的政体决定了人民代表大会是我国人民行使国家权力的机关，它能够最广泛地反映全国人民的共同意愿，对各级国家机关及其工作人员实行有效的监督。习近平主席在莫斯科发表演讲时，曾生动地提出来一个“鞋子理论”。他说：“鞋子合不合脚，自己穿着才知道；一个国家的发展道路合不合适，只有这个国家的人民才最有发言权。”我国所实行的社会主义民主制度，是根据我国历史和现实的特点所决定的，是人民的选择，不需要其他国家指手画脚地乱加干涉。

应该说明，西方国家的民主制度历史悠久，源远流长。其先进的理念、制度、体制、机制都曾经在历史上起过积极意义和进步作用。但是也应该看到，这种民主总的来说还属于资产阶级民主范畴内的民主，其局限性、狭隘性也是非常明显的。资产阶级民主制度尽管形式多样，但其实质上保护资产阶级的根本利益。刘少奇在解释“什么是民主”时就指出：美国的《独立宣言》和法国的《人权宣言》所提倡的是资产阶级民主，它“可以容许绝对不平等的经济地位”，“实际上仅仅保障了资产阶级剥削工人的自由和权利”，而无产阶级民主“不仅要求法律上、政治权利义务上的平等，而且——这是最要紧的——要求经济上的平等，要求资本的取消，私有财产的消灭”，因此，“只有无产阶级民主，才是彻底的民主”。

当然，在现实中，我国的民主制度还有许多需要改进的地方，民主作为一个价值目标还没有完全实现，理想与现实还存在着一定的矛盾。党的十八届三中全会《决定》指出，发展社会主义民主政治，必须以保证人民当家做主为根本，坚持和完善人民代表大会制度、中国共产党领导的多党合作和政治协商制度、民族区域自治制度以及基层群众自治制度，更加注重健全民主制度、丰富民主形式，从各层次各领域扩大公民有序参与政治，充分发挥我国社会主义政治制度的优越性。这也说明，建立和完善社会主义民主，是中国人民的价值目标，任重而道远，还需要全国人民的不懈努力。

（三）文明

文明是人类进步和社会发展的标志，其英文为 civilization，而英文又源于拉丁文 civilis，其本义均为人类的开化，是与野蛮相对而言的。中国古典文献中最初出现“文明”一词，是在《周易·乾·文言》中所说的“天下文明”和《尚书·舜典》中所说的“睿哲文明”，表示世界和社会的开化、进步，富有文采。我国学者王缉思认为：“一般来说，文明一词有两种基本含义。第一，文明是野蛮、未开化、原始、兽性的对立面，指人类社会发展程度较高的形态、阶段或组织。文明的这一含义，往往与文化、教育、科学、艺术、道德、礼仪的发达和精妙相联系。第二，文明是一个民族、国家、地域或具有共同精神信仰的群体的文化遗产、精神财产和物质财富的总和，也可以指其中的某一历史阶段或断层，既可以指特定历史阶段的某一社会，也可以指该社会的整个历史的延续，既可以是地域概念，也可以是跨越地域、民族、国家的宗教概念。”①“文明”与“文化”这两个词联系非常密切，以至于有些人把这两个词完全等同起来。但是，“文明”与“文化”还是具有不同意义的。“文化”的英文对应词是culture，而这一词又源于拉丁语cultura，原意指耕种、练习、动植物培养及精神修养等意思。中国古典中的“文化”一词见之于《周易·賁卦·象传》，其中曰：“关乎天文，以化成天下”，是教化的意思。自古至今，关于文化的定义有数百种，到现在也没有一个统一的、大家都认同的定义。但通过人们的研究，发现文化有广义、中义、狭义三个层面的意义。文化从广义层面讲就是“人化”，只要打上人的实践活动的痕迹的，都可以讲是文化；从狭义层面讲是指人的精神方面的内容，如人的信仰、价值观、道德、习俗、社会心理、礼仪等，还有人的精神方面成果和精神方面的活动；而中义的文化是指与经济建设、政治建设、社会建设、生态文明建设所不同的文化建设中的内容。由此可见，文明与文化既有相同的意义，又有不同的意义。在指人类社会进步中

① 王缉思，《“文明冲突”论战评述》，载于王缉思主编的《文明与国际政治——中国学者评亨廷顿的文明冲突论》，上海人民出版社，1995 年版，第 19 页。

人的实践活动的创造成果这方面，文明与文化有共同的地方，都是人类进步和社会发展的表现。而两者的不同主要表现在：第一，如果把人类进步看作是一条长河的话，文明多是从纵向上讲的，相对远古时期人类所取得发展；而文化则是从横向上来讲的，是就现实来看文化的结构和内容是怎样的。第二，如果从内容和形式的关系来看，文明多表现在形式上，而文化则表现为内容。第三，如果把二者比作蜂蜜和蜜蜂的话，文明好比蜂蜜，是已经形成的目前的成果，而文化则好比蜜蜂，是可以创造蜂蜜的活生生的生物体。

从人类进步和社会发展的角度，可以把文明划分为原始文明、农业文明、工业文明、生态文明。原始社会是人类历史上第一个社会形态。从考古学的发现可知，世界上各个民族在其历史发展的初期，都在一定时间和不同的条件下经历过这个人类最初的发展阶段。从人类制作的第一块石器开始，就标志着人类文明的开始。火的使用和语言的产生、发展，都大大推动了人类社会的发展。文明就是在人的实践活动中创造的产物。正如恩格斯所说的那样："文明是实践的事情，是一种社会品质。"①农业文明是继原始文明之后人类进步的一种新的样式，不同于原始文明的以渔猎、采集为主的生产活动，它主要是以播种、耕耘、收割为主的生产活动，同时也促进了牲畜的饲养、配种、繁殖等畜牧业活动。农耕和畜牧业产生以后，天文、立法、种植、养殖、医药等方面的知识也有了较大的增长。工业文明是继农业文明之后发展起来的一种文明样式。18 世纪中叶，以蒸汽机的发明为标志，人类社会进入到工业文明阶段。工业文明促进了科学技术的发展，也大大地促进了生产力的发展。正如马克思、恩格斯在《共产党宣言》中所指出的："资产阶级在它的不到一百年的阶级统治中所创造的生产力，比过去一切世代创造的全部生产力还要多，还

---

① 《马克思恩格斯全集》第 1 卷，人民出版社，1956 年版，第 666 页。

要大。"[①]工业文明虽然极大地推动了社会的发展，但也暴露出一定的局限性和缺陷。这种局限性和缺陷主要表现在对自然的盲目性征服和对资源的掠夺式开采，造成了对自然规律的破坏和生态环境的恶化。反思工业文明的负面影响和作用，人们开始思考一种新的文明样式，这就是生态文明。生态文明是建立在人与自然关系和谐发展基础上的一种新型文明。目前人类社会正处在一个重要节点上，即从工业文明向生态文明发展的重要时期，这也是人类历史上一种更高层次的文明。

文明是中国共产党人矢志不渝追求的价值目标。毛泽东在《新民主主义论》中指出："我们不但要把一个政治上受压迫、经济上受剥削的中国，变为一个政治上自由和经济上繁荣的中国，而且要把一个被旧文化统治因而愚昧落后的中国，变为一个被新文化统治因而文明先进的中国。"[②]改革开放后，中国共产党对文明的认识不断提升。在党的十二大上，就明确提出建设社会主义的物质文明和精神文明，并把建设高度文明、高度民主的社会主义国家作为我们的奋斗目标。党的十三大提出把我国建设成为富强、民主、文明的社会主义现代化国家的奋斗目标，并提出要努力吸收世界文明的成果。党的十四大指出，应当吸收和利用世界各国包括资本主义发达国家所创造的一切先进文明成果来发展社会主义。党的十六大提出借鉴人类政治文明的有益成果，建设社会主义政治文明的目标，坚持社会主义的物质文明、政治文明和精神文明协调发展。党的十七大报告把建设富强、民主、文明、和谐的社会主义现代化国家作为中国人民的奋斗目标，同时提出生态文明建设的要求。党的十八大报告明确概括了在国家层面的社会主义核心价值观为富强、民主、文明、和谐。由此可见，文明作为社会主义核心价值观，是中国共产党人一以贯之的价值目标，并越来越自觉地把中国文明建设融入到整个人类的文明发展

---

① 《马克思恩格斯选集》第 1 卷，人民出版社，1995 年版，第 277 页。

② 《毛泽东选集》第 2 卷，人民出版社，1991 年版，第 663 页。

中去。

把文明作为社会主义核心价值观，必然要求全面地、科学地把握文明的涵义。文明是个相对的概念，是人类文明发展中取得的阶段性成果。相对于人类初期的不文明、野蛮，现在的人类已经比较文明了。但相对于人类未来的文明来说，我们现在的文明还没有实现理想目标。因此，文明总是处在不断发展中的。同时，系统地把握文明的各个方面，也是十分重要的。文明由物质文明、政治文明、精神文明、社会文明、生态文明等各个方面构成。建设社会主义的高度文明，就必须建设文明的各个方面，把文明作为一个整体系统看待。同时，中国的文明与世界文明不是截然分开的，而是世界文明的一个重要组成部分。从世界文明的发展来看，文明具有多样性。江泽民在联合国千年首脑会议上的讲话中指出："世界是丰富多彩的，如同宇宙间不能只有一种色彩一样，世界上也不能只有一种文明、一种社会制度、一种发展模式、一种价值观念。各个国家、各个民族都为人类文明的发展做出了贡献。应充分尊重不同民族、不同宗教和不同文明的多样性。世界发展的活力恰恰在于这种多样性的共存。"①文明的多样性是世界充满活力和人类不断进步的重要推动力。承认和尊重文明的多样性，就需要增强文化自觉和文化自信，既要看到中华文明的优点，坚持和发扬中华文明优势，又要看到中华文明与其他文明相比所具有的弱势，积极借鉴其他文明的优点，克服存在的不足，向先进的文明看齐。当今世界是一个多元文明相互碰撞、相互融合的时代，只有积极地学习、借鉴世界其他各种文明的合理之处，才能推进中华文明的大发展、大繁荣。

（四）和谐

"和谐"思想在中国源远流长，在中国古代典籍《国语·郑

---

① 江泽民，《在联合国千年首脑会议上讲话》，《人民日报》，2000 年 9 月 7 日，第 1 版。

语》中，记载了西周太史史伯与郑桓公的对话。他们在讲到“兴衰之道”和“死生之道”时，断言周幽王必将走向衰败，西周灭亡也就是不可避免的了。郑桓公问：“周其弊乎?”史伯断言：“殆乎必弊者也!”史伯进一步分析，认为周朝“必弊”的原因是周幽王“去和取同”。他认为：“以他平他谓之和，故能丰长而物归之；若以同裨同，尽乃弃矣。”①在这里，“以他平他”就是和，即不同的事物构成一个整体，形成多样性的统一。在中国古代典籍中，“和”被看作是自然界的普遍法则，并将这一法则广泛地应用到家庭、国家、天下等方面。孔子把“和”作为重要的处世原则，他主张：“礼之用，和为贵。”《论语》中有一段话，比较好地代表了孔子的思想：“有子曰：‘礼之用，和为贵。先王之道，斯为美，小大由之。有所不行，只和而和，不以礼节之，亦不可行也。’”②“人和”，在古代被看作是人际关系和谐的较高境界。孟子就曾经说过：“天时不如地利，地利不如人和。”③我国学者张岱年先生曾经指出：“和谐既是儒家的最高价值标准”，也是“整个中国传统文化的最高价值原则”④。

“和谐”理念也是西方文化传统中重要的哲学范畴。古希腊时期，毕达哥拉斯把“数”看作是世界的本原，在此基础上，建构了一个以数量比例关系为依托的和谐世界。西方思想家还认为“公正即和谐”，美德、友谊、爱情也是和谐的，从而把和谐观用于对社会现象的认识上。从身心的关系上，他们还提出了“灵魂和谐说”，认为灵魂也是一种和谐。不仅如此，他们还认为，整个人体也是和谐的有机体。社会和谐的思想，是西方思想家的理想追求。柏拉图的《理想国》和亚里士多德的“优良城邦说”，都渗透着他们的和谐思想。到了西方的近代，空想社会主义者提

---

① 《国语·郑语》。

② 《论语·学而》。

③ 《孟子·公孙丑下》。

④ 张岱年、程宜山，《中国文化与文化论争》，中国人民大学出版社，1997 年版，第 211～212 页。

出了“和谐社会”的理念。1803年，傅里叶发表了《全世界和谐》的文章，在批判资本主义制度的基础上，提出用“和谐制度”取代资本主义制度，从而实现社会各阶级的融合。与此同时，欧文也提出“建立一个消灭贫困、消灭阶级对立、人人皆平等和共同享受劳动成果的财产公有的社会”。西方的实证主义者也提出了他们对和谐社会的构想。孔德认为，社会有机体的发展，呈现出“和谐”与“进步”的特征；斯宾塞认为，社会有机体“机能的均衡引起了结构的均衡”。尽管这些关于社会和谐的学说和观点都有不同的缺点，有的完全脱离了现实的经济基础，但都不同程度地表达了他们对和谐社会的构想和愿景。

在中国，对和谐社会的向往由来已久，其中儒家的“大同”思想就是影响比较深的一个观点。《礼记·礼运》就对“大同”社会作了描述：“大道之行也，天下为公。选贤与能，讲信修睦。故人不独亲其亲，不独子其子。使老有所终，壮有所用，幼有所长，鳏寡孤独废疾者皆有所养。男有分，女有归。货恶其弃于地也，不必藏于己；力恶其不出于身也，不必为己。是故谋闭而不兴，盗窃乱贼而不作，故外户而不闭，是为大同。”①中国古代的“大同社会”思想一直延续到近代。清末学者康有为在他的《大同书》中对大同世界的描述为：“全地大同，无国土之分，无种族之异，无兵争之事。”②在这样一个社会中，“人人相亲，人人平等，天下为公”，活脱脱地一副太平盛世的景象。资产阶级民主主义者孙中山对大同社会的设想为：“政治上用民主共和代替君主专制；经济上建立国有经济和多种经济成分共存的社会经济体系，促进生产发展；文化上用先进的文化作为复兴中国的源泉，建立优势互补的多元文化，努力实现‘天下为公’和世界大同的理想社会。”③从《礼记》提出的“大同”到孙中山提出的“天下

---

① 《礼记·礼运》。

② 康有为，《康有为大同论二种》，三联书店，1988年版，第317页。

③ 孙中山，《建国方略》。

为公”的社会构想，表达了人们对和谐社会的深切愿望。

马克思主义的和谐社会思想是在吸收和借鉴人类历史上各种和谐社会构想的合理因素基础上创立和发展起来的，最具现实性和科学性，是人类历史上关于和谐社会认识的新高度。其创始人马克思、恩格斯在批判空想社会主义的同时，提出了科学社会主义的理论。在《共产党宣言》中，马克思、恩格斯认为：“代替那存在着阶级和阶级对立的资产阶级旧社会的，将是这样一个联合体，在那里，每个人的自由发展是一切人的自由发展的条件。”①这里所讲的“自由人的联合体”，就是和谐社会的最高境界。不同于空想社会主义者，马克思、恩格斯从人类历史发展规律、趋势上论证和谐社会建立的必然性。他们认为，资本主义社会是一个片面的、畸形发展的社会，其所造成的社会不平等和两极分化、人的异化等弊端，是违背人类发展的客观趋势的。同时也指出，实现和谐社会的前提条件是生产力的高度发展。他们深刻地指出：“生产力的这种发展……之所以是绝对必需的实际前提，还因为如果没有这种发展，那就只会有贫穷、极端贫困的普遍化；而在极端贫困的情况下，必须重新开始争取必需品的斗争，全部陈腐污浊的东西又要死灰复燃。”②在马克思、恩格斯看来，未来社会应该是生产力高度发展，生产资料社会占有，有计划地组织社会化生产，消灭剥削和阶级对立，社会关系和谐，城乡之间、工农之间、脑力劳动和体力劳动之间的差别和对立消失，人的精神境界极大提高，人们的根本利益和目标相一致，整个社会全面协调、共同发展。

自中国共产党成立以来，继承和发展了马克思主义的和谐社会思想。毛泽东对和谐社会的探求，贯穿在中国革命和建设过程之中。他在《新民主主义论》中对于建立一个和谐的新民主主义社会充满期望，并付诸于实践之中，取得了丰富的经验。新中国

---

① 《马克思恩格斯选集》第1卷，人民出版社，1995年版，第294页。

② 《马克思恩格斯选集》第1卷，人民出版社，1995年版，第86页。

成立后，毛泽东在实践的基础上，写作了《论十大关系》和《关于正确处理人民内部矛盾的问题》，提出了建设和谐社会的一系列思想。由于我国建设社会主义是一项全新的实践，加上当时复杂的国际国内环境的影响，“阶级斗争扩大化”的“左”的思想干扰了和谐社会建设的实践发展，产生了“文化大革命”这样全局性、长时间的错误，给我们带来了沉痛的教训。在改革开放时期，邓小平提出了小康社会的构想，在新时期发展了马克思主义和谐社会思想。邓小平所构想的小康社会蓝图，是一个经济发展、政治昌明、文化繁荣、社会稳定的理想社会。江泽民根据国内外形势的新发展、新变化，提出了可持续发展战略，也为构建社会主义和谐社会的理论与实践做出了重要贡献。他指出：“经济的发展，必须与人口、环境、资源统筹考虑，不仅要安排好当前的发展，还要为子孙后代着想，为未来的发展创造更好的条件，决不能走浪费资源和先污染后治理的路子，更不能吃祖宗饭，断子孙路。”①在中央人口资源环境工作座谈会上，江泽民又指出：“要促进人和自然的协调与和谐，使人们在优美的生态环境中工作和生活”；“努力开创生产发展、生活富裕、生态良好的文明道路”。②胡锦涛在新的历史条件下，对构建社会主义和谐社会作了全面而深刻的论述。他指出：“我们所要建设的社会主义和谐社会，应该是民主法治、公平正义、诚信友爱、充满活力、安定有序、人与自然和谐相处的社会。”在中国共产党人的不懈努力下，经过多年的探索，具有中国特色的社会主义和谐社会理论初步形成，极大地丰富了马克思主义和谐社会思想。

和谐作为社会主义核心价值观，其内涵是非常深刻、丰富的。它是对立事物或事物对立面之间在一定的条件下、具体的、动态的、辩证的统一，是不同事物之间或事物对立面之间的相辅

---

① 《江泽民论有中国特色社会主义》（专题摘编），中央文献出版社，2002 年版，第 279～280 页。

② 《江泽民论有中国特色社会主义》（专题摘编），中央文献出版社，2002 年版，第 282～283 页。

相成、互助互补、共同发展的关系。从外延上看，它包括人与人的和谐、人与自然的和谐、人与社会的和谐、人自身内部的和谐。和谐既是理想目标，又是现实过程，是理想与现实的统一、目标与过程的统一。

作为国家层面的社会主义核心价值观，富强、民主、文明、和谐这四个方面不是孤立的，而是紧密联系在一起的整体系统，其每一个方面都与其他方面相互联系、相互作用，共同构成了中国人民在国家层面上的价值目标。这一价值观凝结了自1840年鸦片战争以来一百七十多年来中国人民的期盼、愿望和理想，是中国梦的重要组成部分。

二、社会层面：自由、平等、公正、法治

在社会层面上，我国的社会主义核心价值观也可以概括为8个字：自由、平等、公正、法治。一说起社会，大家觉得非常熟悉，因为一个人从小到大，都是在社会中成长起来的。但是，如何对社会下一个规范的定义，怎样理解我们所身处其中的社会，这并非是一件容易的事情。社会，简单地说就是人群集合体。人是社会性的动物。在人类产生之初，为了应对复杂恶劣的环境，人类就开始了群体生活，形成了原始部落，并在这样一个群体中形成特定的生活方式，形成生活习俗，进一步演变成特定的文化。“社会”一词在使用中有广义和狭义之分。狭义上的社会，也称为“社群”，是人们为了共同的目标而结成的群体，并在群体内部形成共同的规范和特定的文化；广义上的社会，则是指在一个国家、一个区域，这样一个大的文化圈内的共同体。马克思对社会的本质作了深刻的揭示，他指出：“各个人借以进行生产的社会关系，即社会生产关系，是随着物质生产资料、生产力的变化和发展而变化和改变的。生产关系总和起来就构成所谓社会关系，构成所谓社会，并且是构成一个处于一定历史发展阶段上

的社会，具有独特的特征的社会。”[①]他还进一步指出：“社会——不管其形式如何——是什么呢？是人们交互活动的产物。”[②]马克思从社会生产活动出发，揭示了社会不过是人们在生产交往的基础上所形成的共同体而已。

这里所讲的社会层面，是指在国家和个人之间的中间组织。在很长的一段时间里，我国把这一层面的组织称为“集体”，但现在看来，用“集体”来指称这一层面的内容有一定的局限性。因为集体就是人群集合体，属于社群，是狭义上的社会，而我们这里所说的社会是广义的社会，是在国家这样一个大的文化圈内的共同体。我们目前所建设的中国特色社会主义社会，就是在共同的指导思想下形成的特定的社会，在这个社会中，我们的核心价值观是什么？在中国共产党人艰苦地探索中，目前所能认同的是：自由、平等、公正、法治。下面对这一价值观内容作具体分析：

（一）自由

自由，简单地说是指不受束缚和限制，英文中所对应的词是freedom，但这个词的涵义远非一般人所理解的那样简单，随着人类社会的发展，这个词所传达的意义大大超出这个词的本义。因而，自由就有了哲学上的意义、法律上的意义、政治上的意义等等。人们在谈到自由时，由于其含义众多，且内容深邃，总感到高深莫测，难以把握。在所有的自由的含义中，从哲学层面对自由的解释应该是其最基本的含义。从哲学的角度讲，自由就是人的认识和行为在掌握了事物规律后，不受约束、不受限制的一种状态、境界。哲学意义上的自由与必然是一对范畴。必然是指事物发展的客观规律性，亦即事物的本质所规定的趋势，自由是人们对必然性的认识和对客观世界的改造。在古希腊时期，赫拉克

① 《马克思恩格斯选集》第1卷，人民出版社，1995年版，第345页。
② 《马克思恩格斯选集》第4卷，人民出版社，1995年版，第532页。

利特就曾经说，智慧就在于说出真理，并且按照自然行事，听自然的话。近代英国哲学家培根也认为，自然界是有规律的，人可以认识自然，人只有认识自然才能有所作为。荷兰哲学家斯宾诺莎认为，人类合理的行为才是自由的，自由的程度取决于行为合理的程度。德国哲学家黑格尔论述了自由和必然的辩证关系，他认为自由本质上是具体的，它永远自己决定自己，因此同时又是必然的，并进一步指出内在的必然性就是自由，必然性在它尚未被认识时才是盲目的。当人们认识了必然性，也就获得了自由。马克思主义哲学认为，人的自由是对必然性的认识，在尊重客观规律性的基础上才能充分发挥人的主观能动性，深刻地揭示了自由与必然的对立统一关系。

而我们在社会层面所探讨的自由远远不是停留在哲学认识论意义上的自由。马克思主义经典著作家还在价值论意义上深刻地论述了自由的含义，这是过去我们在研究中重视不够的。正如我国学者许全兴教授所指出的："马克思主义哲学本身就是自由哲学，社会主义所追求的价值目标就是人的自由而全面的发展。自由是马克思主义、社会主义题中应有之义。"①马克思、恩格斯在谈到未来社会时，认为它是自由人的联合体，"在那里，每个人的自由发展是一切人的自由发展的条件"②。这里的自由不是仅仅限于认识论意义上自由，而是具有价值论、历史观的意义。这一思想是对人类自由思想、精神的继承和发展。17 世纪英国资产阶级革命时期，霍布斯、洛克等思想家提出，人是生而平等自由的，每个人自己要自由，就必须使别人也有自由。谁要是侵犯了别人的自由，那他就会失去自己的自由。因此，自由绝不是任意所为，而是必须遵循法律，受到法律的约束。自由就是他所受约束的法律许可范围内，可以自由地遵循他的自由意志。在法国大

---

① 许全兴，《马克思主义哲学自我革命》，中国社会科学出版社，2009 年版，第 337 页。

② 《马克思恩格斯选集》第 1 卷，人民出版社，1995 年版，第 294 页。

革命时期，卢梭的自由思想最具代表性，影响也最大。卢梭提出："人是生而自由的，但却无往不在枷锁中"，"人所共有的自由，乃是人性的产物"，"每个人都是生而自由、平等"的。他进一步提出了用社会契约的形式保障人的自由的思想。1789 年法国国民议会通过的《人权和公民权利宣言》的第一条就是："人们生来是、而且始终是自由平等的。"其第四条则规定："自由就是指有权从事一切无害于他人的行为。"德国古典哲学的创始人康德认同、推崇卢梭所倡导的自由。他认为，自由是每个人与生俱来的权利，人的意志是绝对自由的。德国古典哲学的集大成者黑格尔也崇拜法兰西的理性和自由，他十分赞赏卢梭的天赋人权和自由平等的主张，进而把自由看作是精神的本质，世界历史追求的目的。马克思、恩格斯吸收和借鉴了人类历史上关于自由思想的合理因素，在揭露资产阶级所宣扬的自由的实质的同时，阐述了未来的共产主义社会是"以每个人的全面而自由的发展为基本原则的社会"①。到那时，人类社会才从必然王国进入到自由王国，人才真正成为自由人。由此可见，自由是人类共同的价值取向，也是马克思、恩格斯推崇的核心价值观。

自由也是中国共产党人所追求的崇高价值目标。许多中国共产党党员，为了追求自由而献出了自己宝贵的生命。在中国共产党第七次代表大会上，就提出要建设一个"独立的、自由的、民主的、统一的、富强的新中国"，并把这一目标载入党章。毛泽东在 1947 年的《新年祝词》中写道："在不久的将来，自由的阳光一定要照遍祖国的大地。"②新中国成立后，中国共产党继续把"努力建设独立、自由、民主、统一与富强的新中国"作为奋斗的目标。令人遗憾的是，在 1957 年反右斗争中，毛泽东公开批评把自由、民主视为目的的观点，认为民主、自由仅仅是手段。

① 《马克思恩格斯全集》第 23 卷，人民出版社，1972 年版，第 243 页。

② 《毛泽东文集》第 4 卷，人民出版社，1996 年版，第 211 页。

从此之后，自由、民主不再提了，从我们所向往的理想目标中抹去了。在“文化大革命”中，自由、人权、民主都受到了不同程度的践踏，导致了阶级斗争的严重扩大化，甚至到了谈自由色变的地步。改革开放之后，人们对“文化大革命”的教训进行了深刻反思，对自由的认识也得到了拨乱反正，重新把自由作为中国人民的核心价值观。党的十五大报告中就明确地写着：“保证人民依法享有广泛的权利和自由，尊重和保障人权。”2007 年，温家宝在“两会”答记者问中说：“民主、法治、自由、人权、平等，这不是资本主义所特有的，是整个世界在漫长的历史进程中共同形成的文明成果。重新评价和认识自由，这是中国共产党人认识上的重大飞跃，也是中国社会历史进步的重要表现。”

作为价值观的自由，也不仅仅是政治、法律意义的自由，而是一种自由精神的表现。它所要达到的境界是一种人的自由个性的充分发展。自由个性，在马克思那里，就是指个人能作为个人且根据其意愿，充分自由地表现和发挥其创造能力，可以自由地实现自己的个人生活和社会生活。

如前所述，资本主义在发展初期，一些资产阶级启蒙思想家所提出的自由、平等、民主、人权、博爱等主张，代表了人类社会发展的共同意愿，具有积极意义和合理价值。但是，也应该看到，由于资产阶级思想家所提出的这些观点内在的局限性，在发展中期缺陷也越来越明显。特别是因为他们所代表的是资产阶级利益，他们所提出的“自由、平等、民主、人权、博爱”的价值观，就带有了很大的虚伪性和欺骗性。以美国为首的西方资本主义国家为了本国的利益，把自己的价值观包装成“普世价值”，在世界各地贩卖，试图把自己的价值观强加给别的国家、民族。这是需要我们高度警惕和防备的。我们承认人类在历史进步中具有共同的精神成果和价值观，但并不等于承认西方所兜售的“普世价值”。我们所讲的自由是真正意义上的自由，是建立在现实基础上的自由，是在扬弃资本主义自由基础上发展起来的社会主义自由。

（二）平等

平等最一般的含义就是指人们在社会、政治、经济、法律等方面享有同样的权利，大家最常说的就是“法律面前人人平等”。平等问题是随着人类文明的发展而出现的一个非常复杂的问题，它是在私有制形成、社会划分为阶级以后才出现的。在原始社会，生产力水平极其低下，人们不得不以自己的身躯以及简陋的生产工具组成部落群体与大自然抗争。由于人们的躯体构造大体相同，在精神方面也没有太大的差别，因而人们大体是平等的。正如恩格斯所指出的：“一切人，作为人来说，都有某些共同点，在这些共同点所及的范围内，他们是平等的，这样的观念自然是非常古老的。”①这种在自然基础（生理上的质的相同）和社会基础（原始公有制）上的原始的平等，是当时人类得以延续和生存的重要条件。到了原始社会末期，由于生产力的发展，开始有了剩余产品和私有财产，出现了不平等现象，一部分人可以无偿地占有他人的劳动，并享有各种特权，社会上出现了剥削阶级和被剥削阶级，人类社会开始进入阶级社会，不平等的问题暴露出来。

尽管从阶级社会以来，不平等问题就一直存在，但是，人们对平等的向往却从未停止过。古希腊时期的伯里克利就提出，法律对所有的人都同样地公正，每个人在法律上都是平等的。亚里士多德认为，正义就是平等。斯多葛派则认为，自然法赋予每个人的理性是相同的，人们在实际生活中所出现的对立和差别是不符合自然法的。到了近代，随着资本主义的产生和发展，人们对平等的要求日趋强烈。因为商品经济内在地要求平等，与平等有着天然的联系。由市民阶级发展而来的资产阶级首先提出了经济贸易中的自由和机会平等的要求。资产阶级启蒙思想家伏尔泰就提出：“一切享有各种天然能力的人，显然都是平等的。”资产阶

① 《马克思恩格斯全集》第20卷，人民出版社，1971年版，第113页。

级学者孟德斯鸠则认为，人的天赋能力是平等的。卢梭则更明确地提出，人人生而平等，财产应尽可能地平等，法律面前人人平等，人人政治权利平等。他还指出以私有制为基础的国家是不平等的根源。卢梭的平等思想对法国大革命产生了重要影响，为资产阶级平等观念的形成做出了重要贡献。1776 年，美国的《独立宣言》宣布："人人生而平等，其中包括生命权、自由权和追求幸福的权利。"1789 年，法国的《人权与公民权宣言》中就提出："在权利方面，人生来本是而且始终是自由平等的"；"在法律面前，人人平等，公民可按他们各自的能力相应地获得一切荣誉、地位和工作，除他们的品德、才能造成的差别外，不应有任何其他差别。"资产阶级革命取得胜利后，各主要资本主义国家都在自己国家的宪法和法律上规定了"法律面前人人平等"的基本原则，并把消灭封建特权实行政治平等作为建立资产阶级民主制的重要内容。

资产阶级的平等观念尽管在人类历史上起过积极的进步作用，对于反对封建统治下的不平等做出了重要贡献，但它仍然是从维护资产阶级利益的基础上提出的平等，其局限性也是非常明显的。19 世纪空想社会主义者看到了这一点，他们从各个方面开始揭露资本主义社会的不平等，在社会主义的基础上论述了平等。他们的贡献主要表现在两个方面：第一，对资本主义社会中的不平等现象进行了深刻的揭露，空想社会主义者欧文就指出，"私有财产是贫困的唯一根源"，它使人产生利己主义，使富人变成"衣冠禽兽"，对劳动者进行残酷的掠夺，从而引起专横和奴役、仇视和战争。第二，对未来社会作了设想和描述。欧文就提出，在未来社会中，人们在经济、政治和文化教育方面能实现普遍的平等。在空想社会主义者圣西门提出的"实业制度"中，其中一条就是："实行人人劳动，按劳动、才能、资本分配的制度。"还有一条是："实现民主平等，能人治理。"空想社会主义者虽然深刻揭露了资本主义制度中存在的不平等现象及其原因，并对未来社会作了美好的畅想，但他们毕竟是在一个空中楼阁中做的这些事情，与现实有着巨大距离，不可能从社会发展规律的层面去认识不平等的本质以及找到实现平等的真实途径。

马克思、恩格斯对空想社会主义的平等观念作了深刻分析，在批判空想社会主义的同时继承了他们的合理成分。恩格斯在《社会主义从空想到科学的发展》一文中深刻指出："现代社会主义，就其内容来说，首先是对现代社会中普遍存在的有财产者和无财产者之间、资本家和雇佣工人之间的阶级对立以及生产中普遍存在的无政府状态这两个方面进行考察的结果。"① 他还指出："自从资本主义生产方式在历史上出现以来，由社会占有全部生产资料，常常作为未来的理想隐隐约约地浮现在个别人物和整个派别的头脑中。但是，这种占有只有在实现它的实际条件已经具备的时候，才能成为可能，才能成为历史的必然性。正如其他一切社会进步一样，这种占有之所以能够实现，并不是由于人们认识到阶级的存在同正义、平等等等相矛盾，也不是仅仅由于人们希望废除阶级，而是由于具备了一定的新的经济条件。"② 由此可见，社会主义的平等是真正意义上的平等，因为在社会主义发展过程中，逐渐消灭了阶级对立和消除了剥削、压迫，实现了生产资料的全社会共同占有。

恩格斯在分析了原始社会古老的平等观念的基础上，揭示了现代平等观念的深刻内涵。他指出："现代的平等要求是与此（原始时期的平等——作者注）完全不同的；这种平等要求更应当是，从人的这种共同特性中，从人就他们是人而言的这种平等中，引申出这样的要求：一切人，或至少是一个国家的一切公民，或一个社会的一切成员，都应当有平等的政治地位和社会地位。"③平等是人类社会的重要价值标准，是人权的内在要求，也

---

① 《马克思恩格斯选集》第3卷，人民出版社，1995年版，第719页。

② 《马克思恩格斯选集》第3卷，人民出版社，1995年版，第755～756页。

③ 《马克思恩格斯全集》第20卷，人民出版社，1971年版，第113页。

是社会主义本质的重要体现。在现代社会，平等的实际状况是一个国家社会制度民主化程度的重要标志，它可以从三个方面表现出来：第一，权利平等。国家承认所有公民在法律面前人人平等，都有相同的权利。第二，机会平等。即社会为每个成员追求自身利益、自我发展和自我完善平等地提供必要的机会和条件。第三，结果平等。即全社会的劳动产品向所有人实行平等分配。从这三个方面的意义上来看，权利平等和机会平等是比较容易做到的，而结果平等的实现却很难。因为在一个生产力还不发达，社会产品还没有达到极大丰富的国家中，这样的要求是不现实的，带有很大的空想成分。平等从内容上包括政治、经济、文化、教育等各个方面，从平等的主体上看，包括公民与公民之间、权力机关与公民之间、各群体之间、各民族之间等等。

新中国成立之后，我国成为一个社会主义国家。我国的社会主义性质决定了平等是我国的核心价值观。《中华人民共和国宪法》第23条规定：中华人民共和国公民在法律面前一律平等。在此基础上，我国确立了公民具有平等的政治权利，包括选举权与被选举权、向国家机关和个人提出批评建议权以及申诉、检举权。同时，人的性别平等、民族平等、地域平等的相关制度逐步健全，体现了社会主义制度的优越性。但是，也应该看到，平等在任何时期、任何地域都不是绝对的。平等不是平均主义，不是无条件的平等。同时，还应该看到，我国目前还处在社会主义初级阶段，我们所建设的社会主义与马克思、恩格斯所设想的社会主义还有一定距离，因此，目前我国社会中还存在着诸多的不平等现象也是不足为奇的。我们把平等作为社会主义的核心价值观，目的也是要把平等作为我们建设中国特色社会主义的重要价值目标，不懈地向着消灭剥削、消除两极分化、实现共同富裕的理想前进。

（三）公正

公正简单地说就是公平正直、公平正义，英文中为 justice，是伦理学、政治学、法学中的重要范畴，在政治、经济、文化、社会等各个方面广泛使用。在我国古代，很早就有这个概念。荀子曾经说："故上者下之本也……上公正则下易直矣。"[①]这里讲的公正，就是公平、无偏私的意思。在《史记》中也有这样一段话："或择地而蹈之，时然后出言，行不由径，非公正不发愤，而遇祸灾者，不可胜数也。"[②] 意思是说，看好了路才举步，看准了时机才说话，不是公平正当的事绝不努力去做，这样的人遭遇横祸的，也是数不胜数啊！这里的公正，也是公平正道的意思。宋代思想家朱熹曾经说："只是好恶当理，便是公正。"[③]这里公正也是合理、不偏私的意思，如《白虎通义》所言："公之为言，公正无私也。"古罗马法学家乌尔比安认为，公正就是给予每个人他应得的部分的坚定而恒久的愿望。在政治学角度，公平正义则侧重于权利的保障与正义的伸张。美国哲学家罗尔斯在 20 世纪 70 年代曾经写过一部著名的著作《正义论》，在这部著作中他指出："正义是社会制度的首要价值。"[④]他从哲学层面论述了正义的政治学意义，是一种很有意义的尝试，在世界上影响很大。在经济学领域，公平正义侧重于财富的分配和利益的协调，试图在经济增长与资源环境、公平与效率之间找到最佳的平衡点。在文化教育领域，公平正义要求对文化教育事业进行规范，从而使公民享受应该享受的文化教育方面的权利，提高国民的整体素质。在科学领域，公平正义要求人们正确地认识科学技术的意义和作用，在享受科学技术给人们带来的便利、安逸的同时，避免其负面的作用和影响。在社会领域，公平正义侧重于社会矛盾的解决，预防社会的两极分化，解决弱势群体的生活问题，促进社会各方面和谐发展。

---

① 《荀子·正论》。

② 《史记·伯夷列传》。

③ 《朱子语类》卷二六。

④ 〔美〕约翰·罗尔斯，《正义论》，何怀宏等译，中国社会科学出版社，1988 年版，第 1 页。

公正虽然与平等意义非常接近，但不等同于平等。如前所述，公正是属于善或正当的范畴，它是对人们正当利益的维护。只有坚持公正的原则，才能实现平等。在现代西方社会，对于公正的研究比较到位的当属美国哲学家罗尔斯，他的正义理论在西方众多正义理论中独树一帜，对西方社会有重要影响，对于我们今天理解公正也有重要的借鉴作用。罗尔斯在他的正义理论中提出了两个基本原则：第一，每一个人都有平等的权利去拥有可以与别人类似自由权并存的最广泛的基本自由权。第二，对社会和经济不平等的安排，应能使这种不平等不但可以合理地符合每一个人的利益，而且与向所有人开放的地位和职务联系在一起。罗尔斯这两个正义原则是与社会的基本结构相配套的，第一个原则用于确定和保障公民的平等自由，第二个原则用于规定和建立社会及经济不平等。对于罗尔斯的第一个原则人们比较好理解，因为它与西方传统的价值观是一样的。而对他的第二个原则，则会投以质疑的目光。他的第二个原则大致适用于收入和财富的分配，因为在社会上财富和收入的分配往往是不平等的，但这种不平等分配应对每一个人有利，于是人们通过使权力地位向所有人开放来实行第二个原则。人们的疑问是：在私有制条件下，财富和收入的分配是绝对不平等的，那么这种平等的原则如何才能实现呢？罗尔斯从改良主义出发，进一步探索了在社会基本结构中贯彻他的正义原则。他将社会解释为一种互利的合作事业，其基本结构是一种公共的规则体系，它规定了一种活动设计，这种设计能使人们共同行动，以产生更大数量的利益。同时，他设想按照收益中应得的份额把某些公认的权利分配给每一个人。罗尔斯看到了资本主义制度存在的缺陷，想通过改良的方式对社会基本结构做出调整，以缓和并协调西方社会中日益激烈的冲突与矛盾，他的观点未必能够真正奏效，但其思路和方法对于我们认识公正问题提供了有价值的参考。

马克思主义经典作家揭示了阶级社会不公正、不平等的根源就在于私有制的存在，只有消灭私有制、消灭剥削和压迫，建立生产资料公有制的共产主义社会，才能实现社会的公平正义。马克思、恩格斯还把公平正义与人的自由而全面发展结合起来，指出人的解放是社会公平正义的标志。一方面，人的自由而全面发展是实现社会公平正义的基石，人的社会实践的发展是社会公平正义的尺度，人是推动社会公平正义向前发展的主体；另一方面，社会的公平正义为人的自由而全面发展提供了基本的条件和社会环境。

中国共产党人一以贯之地主张和致力于实现社会的公平正义。中国共产党的性质和宗旨，就决定了党必须把实现社会的公平正义作为一项政治主张和价值目标。在新民主主义革命时期，中国共产党秉承这一主张和价值目标，反对国民党的专制统治，得到了全国广大民众的认同和拥护，推翻了压在中国人民头上的“三座大山”，实现了中华民族的独立和中国人民的解放。新中国成立后，建立了社会主义的基本制度，在经济上实行公有制，政治上实现人民群众当家作主，在社会治理中对分配制度、收入制度、就业制度以及各个方面的问题进行了艰苦的探索，为实现社会公平正义打下了良好的基础和条件。毛泽东高度重视实现社会公平正义，提出来许多有价值的思想。但是，也应该看到，他在晚年对社会主义的探索中，也曾经走入平均主义、“大锅饭”的误区，给社会主义发展带来了迷茫。党的十一届三中全会以后，通过改革开放，实现社会公平正义的步子进一步加快。邓小平提出，社会主义的本质，就是解放生产力，发展生产力，消灭剥削，消除两极分化，最终达到共同富裕。这就把社会主义的本质与实现社会的公平正义联系起来。党的十三届四中全会以后，江泽民反复强调要把社会公平正义问题作为全社会的重要战略问题逐步加以解决，通过政策、制度和社会保障来逐步满足人民的利益。2006 年 9 月，在党的十六届六中全会上，胡锦涛提出了构建社会主义和谐社会的重大战略思想，明确把公平正义作为构建社会主义和谐社会的重要内容。2010 年 3 月，温家宝在接受中外记者采访并答记者问时说道：“社会公平正义，是社会稳定的基础。

我认为，公平正义比太阳还要有光辉。”由此可见，中国共产党人非常重视对社会公正的追求，正如党的十七大报告所指出的：“实现社会公平正义是中国共产党人的一贯主张，是发展中国特色社会主义的重大任务。”①

公正作为社会主义核心价值观，它的实现需要有科学的方法和正确的途径。主要方式和途径有：第一，权利公正。权利公正是人类文明进步的重要标志，它包括生存、发展、居住、迁移、教育、劳动、财产、政治参与、平等对话等多方面内容，涉及经济、政治、文化教育等多个领域。实现权利公正，最重要的是承认权利的普适性和平等性，即一个人对权利的拥有不妨碍他人对权利的同等拥有。当然，在现实生活中，无限制的绝对权利公正是不存在的，提出这样的主张也是不现实的。第二，机会公正。机会公正简单地讲就是在权利公正的基础上，为所有的人提供获得一定权利、财富、地位等公平合理的机会。机会公正包含两方面的涵义：一是平等机会；二是差别机会。从一般意义上讲，机会公正就意味着机会平等，即为每个社会成员提供尽可能均等的劳动、生存、发展等方面的机会。但从现实的角度看，这种机会平等并不一定是公正的。因为个体之间的能力先天会存在着事实上的不平等，这样就会造成一些人获取机会方面的不公平。因此，国家应尽可能地完善养老保险、医疗保险、失业保险以及其他一些社会福利和体制机制，以差别机会对待不同的个体，来保证最终成果的公正。第三，规则公正。规则公正是指人们在社会活动中的各项规则的平等、公开、透明。规则公正包括两方面内容：一是规则的公正性，即对于绝大多数人来说，所制定的规则都是公平合理的；二是规则执行的公正性，即要求规则形成后，所有的人都应该严格遵守规则。第四，过程公正。过程公正是指人们在从事实践活动或制定与实施法律、法规及其他政策时，应

① 《十七大以来重要文献选编》（上），中央文献出版社，2009 年版，第 13 ~ 14 页。

遵循公正合理的流程安排，它是实现社会公正的重要环节。过程公正是对公正形式上的要求，它是社会公正的重要保证。从一定意义上说，没有过程公正，就没有权利公正、机会公正和规则公正。第五，结果公正。结果公正就是在最终结果上的公正。它也包括两个方面的内容：一是人们所得到的物质财富公平合理，与人们的付出基本一致；二是在精神财富上，社会能够根据实际情况满足不同人的合理的精神需求，让多数人心情舒畅。

公正不是抽象的概念，而是始终与人民群众切身利益紧密相连的重要原则。实现社会公平正义，需要通过各项政策、制度、体制和机制配合，使之贯彻落实下去。公正既是我国社会主义的价值目标，也需要通过实践使这一价值目标变成现实。当然，也应该看到，在我国现实生活中，公正还没有完全实现，在有些地方、有些方面还有一些不公正的现象存在。这也正说明，在向着公正这一价值目标前进的过程中，我们必须正视我们距离公正这一价值目标还存在着一定差距的现实，需要我们认真反思，尽快克服现实中的困难和解决我们在实现公正方面存在的问题，真正实现我们的价值理想。

（四）法治

法治简单地说就是依据法律来治理国家、社会，它是一种治国的方略，也是一种社会调控的方式。法治就是主张依法治国，是现代文明国家的重要标志，是社会主义国家治国理政的基本方式。“法治”一词在中国古代典籍中很早就出现了。《晏子春秋》一书中就有：“昔者先君桓公之地狭于今，修法治，广政教，以霸诸侯。”[1]《淮南子》一书中写道：“知法治所由生，则应时而变；不知法治之源，虽循古终乱。”[2]法家是春秋战国时期诸子学派中对法律十分重视的一个学派，在他们看来，法是通过具体的

① 《晏子春秋·谏上九》。

② 《淮南子·氾论训》。

刑名赏罚来实现的。法家提出的“法治”与当时儒家提出的“德治”是形成鲜明对比的两种不同的治国理念。当时秦国的李悝、商鞅、慎到、申不害都是法家的代表人物，而韩非子则是法家的集大成者，他创立了完整的法治理论。法家的思想对于国家的治理起到一定的推动作用，以致秦始皇统一六国，建立起中央集权的封建专制国家。同时，法家的思想对于后来历代的封建统治者治理国家也具有一定的影响。

西方社会的法治理念源远流长。在古希腊时期，就产生了自然法的思想。所谓“自然法”，就一般意义上来讲，就是指全人类所共同维护的一整套权利或正义。当时的哲学家赫拉克利特就将自然法称为“神的法律”。另一位哲学家苏格拉底以“神为万物的尺度”，认为自然法并非人定，而是神定的；自然法不过是不成文的“神祇法”的体现，它普遍地发生效力，又是国内人定法的道德基础。亚里士多德是西方法律思想史上第一个比较明确地阐述自然法的思想家。在他看来，存在着一种自然所确定的自然法。他认为，既然有普遍存在的事物，就必然有完全切合于公共生活的自然和道德的原则。他将自然法从神学的桎梏中解脱出来，从普遍存在的事物必然性推论出自然法的必然性。罗马时期，随着法学思想的发展与法律体系的完备，自然法思想也发展到一个新的高度。当时的思想家西塞罗把自然法抬到至高无上的地位，认为“真正的法律（即自然法）乃合乎自然的纯正理性者”，自然法是最高的“天理”，代表“理性”“正义”，自然法就是全世界的宪法。在欧洲中世纪，自然法思想的代表人物是托马斯·阿奎那，他把法分为永恒法、自然法、人法和神法四种。“永恒法”是支配世界的神之理性，是最高的法律，是神的全部意思。“自然法”是“永恒法”在有理性的人类社会中的体现，代表神的部分意思。近代自然法学说激烈地抨击封建社会中所存在的违背自然、违反人性的罪恶，根据资本主义社会发展的需要，论述了自由、平等、博爱的理性要求对自然法的影响。思想家格劳修斯认为，人类的本性就是理性，这就是自然法的渊源。

哲学家斯宾诺莎把自然法解释为一切事物据以成立的自然规律和法则本身。法国启蒙主义思想家孟德斯鸠在他的著作《论法的精神》中，认为“法”有三种基本形式：事物的法、自然法和人为法，人为法以自然法为基础，最终根源是人类的理性。他指出：“人类的理性之所以伟大崇高，在于能够很好地认识到法律所要规定的事物应该和那一个体系发生主要的关系，而不致扰乱了那些应该支配人类的原则。”①他还从人性恶的理论预设出发提出了权力制衡的思想。法国启蒙主义思想家卢梭认为，一个完美的社会是为人民的“公共意志”所控制的，他建议由公民团体组成的代议机构作为立法者，通过讨论来产生公共意志，提出了“天赋人权”和“主权在民”的思想，主张通过社会契约的形式转让公民的权利，并对政府加以约束。卢梭的这些思想对于1776年美国的《独立宣言》和1789年法国国民代表大会通过的《人权宣言》都产生了重要影响。

“法治”是主张严格依照法律治理国家的理念和主张，与“法治”相对立的是“人治”。“人治”强调个人权力在法律之上，而“法治”的理念正好与其相反。“人治”是人类社会历史上出现的一种统治思想，把统治者个人的意志看得高于国家法律，把国家的兴衰存亡寄托于领导者个人的能力和素质上。在现代文明社会中，人治已经暴露出内在的缺陷，为法治所取代。“法治”与“法制”是既相联系又相区别的两个不同的概念。两者的区别主要表现在：第一，“法制”是法律制度的简称，属于制度的范畴；而“法治”是法律治理、统治的意思，是一种治国的理念、原则和方法。第二，“法制”侧重于形式意义的法律制度及其实施；而“法治”更强调遵循法律治理国家的实质意义。第三，“法制”要求法律制度的完善；而“法治”则要求加强依法治国的法律意识，以法律为准绳，严格遵循法律办事。“法制”

---

① 〔法〕孟德斯鸠，《论法的精神》下册，张雁森译，商务印书馆，2004年版，第173页。

与“法治”两者又是紧密地联系在一起的。“法治”以“法制”为基础和条件，实行“法治”离不开“法制”的保障；同时，“法治”是“法制”的立足点和归宿，“法制”的发展方向就是实现“法治”。

法治是政治文明发展到一定历史阶段的标志，凝结着人类智慧，为各国人民所向往和追求。中国人民为争取民主、自由、平等，建设法治国家，进行了长期不懈的奋斗，深知法治的意义与价值，倍加珍惜自己的法治建设成果。新中国成立后，1954 年第一届全国人民代表大会第一次会议制定的《中华人民共和国宪法》，以及随后制定的有关法律，规定了国家的政治制度、经济制度和公民的权利与自由，规范了国家机关的组织和职权，初步奠定了中国法治建设的基础。我们在这条道路上也曾经走过弯路，20 世纪 50 年代末以后，特别是“文化大革命”十年动乱，社会主义法制遭到践踏，中国的法治受到严重破坏。20 世纪 70 年代末，中国共产党总结历史经验，特别是汲取“文化大革命”的惨痛教训，明确了一定要靠法制治理国家的原则，认识到为了保障人民民主，必须加强社会主义法制，使民主制度化、法律化，使这种制度和法律具有稳定性、连续性和权威性，使之不因领导人的改变而改变，不因领导人的看法和注意力的改变而改变，做到有法可依，有法必依，执法必严，违法必究，成为改革开放新时期法治建设的基本理念。在发展社会主义民主、健全社会主义法制的基本方针指引下，现行宪法以及《刑法》《刑事诉讼法》《民事诉讼法》《民法通则》《行政诉讼法》等一批基本法律出台，中国的法治建设进入了全新发展阶段。20 世纪 90 年代，中国开始全面推进社会主义市场经济建设，由此对法治建设也提出了更高的要求。1997 年召开的中国共产党第十五次全国代表大会，将“依法治国”确立为治国基本方略，将“建设社会主义法治国家”确定为社会主义现代化的重要目标，并提出了建设中国特色社会主义法律体系的重大任务。1999 年，将“中华人民共和国实行依法治国，建设社会主义法治国家”载入宪法。从此，中国的法治建设揭开了新篇章。进入21世纪，中国的法治建设继续向前推进。2002年召开的中国共产党第十六次全国代表大会，将社会主义民主更加完善，社会主义法制更加完备，依法治国基本方略得到全面落实，作为全面建设小康社会的重要目标。2004年，将“国家尊重和保障人权”载入宪法。2007年召开的中国共产党第十七次全国代表大会，明确提出全面落实依法治国基本方略，加快建设社会主义法治国家，并对加强社会主义法治建设作出了全面部署。2012年召开的中国共产党第十八次全国代表大会，明确地提出要更加注重发挥法治在国家治理和社会管理中的重要作用，维护国家的法制统一、尊严、权威，保证人民依法享有广泛权利和自由。新中国成立60多年来，我国社会主义法治建设取得了巨大成就：第一，确立了依法治国的基本方略；第二，中国共产党依法执政能力显著增强；第三，以宪法为核心的中国特色社会主义法律体系基本形成；第四，人权得到可靠的法制保障；第五，促进经济发展与社会和谐的法治环境不断改善；第六，依法行政和公正司法水平不断提高；第七，对权力的制约和监督得到加强。中国的社会主义法治建设是一项伟大实践，正在努力开创人类政治文明发展的新境界。

法治作为社会主义核心价值观，同时也是一种价值理想和价值目标。在现实法治实践中，还必须不懈努力，克服法治建设中存在的各种问题，切实推动我国社会主义法治国家建设，实现我们的理想和目标。

自由、平等、公正、法治，作为社会层面的社会主义核心价值观，是一个系统整体。这四个方面紧密地联系在一起，整合起来发挥作用，寄托了中国人民对人类社会的美好愿望和崇高理想，对于人类社会的进步和中国特色社会主义建设具有巨大的引导和推动作用。

三、个人层面：爱国、敬业、诚信、友善

在个人层面上，我国的社会主义核心价值观也可以概括为八个字：爱国、敬业、诚信、友善。个人是社会的细胞，社会是由个人所组成的。社会主义核心价值观的落地，最根本的还是要看个人在贯彻落实中能否到位。这里所说的“个人”，就是具体的、现实的人，就是我国社会主义社会的公民。马克思主义经典作家非常重视个人，他们认为：“全部人类历史的第一个前提无疑是有生命的个人的存在。”①马克思、恩格斯强调：“我们的出发点是从事实际活动的人。”②“现实的个人”是唯物史观的理论前提和出发点。对于什么是“现实的人”，恩格斯作了分析，他指出：“只要‘人’的基础不是经验的人，那么他始终是一个虚幻的形象。简言之，如果要使我们的思想，尤其要使我们的‘人’成为某种真实的东西，我们就必须从经验主义和唯物主义出发；我们必须从个别物中引申出普遍物，而不要从本身中或者像黑格尔那样从虚无中去引申。”③由此可见，个人就是生活在一定社会、一定时代的有生命的、活生生的、具体的人。现实社会中个人的素质、素养对整个社会的发展起着极为重要的作用，没有个人素质、素养的提高，就不会有全社会道德水平的提高。马克思、恩格斯就明确地说：“每个人的自由发展是一切人的自由发展的条件。”④他们把人的自由而全面发展看作是人类社会的理想目标，包含着非常深刻的道理。

这里所说的个人层面，具体说就是社会主义公民层面。2001年10月，中共中央印发了《公民道德实施纲要》，其中提出了

---

① 马克思、恩格斯，《德意志意识形态》（节选本），人民出版社，2003年版，第37页。

② 《马克思恩格斯选集》第1卷，人民出版社，1995年版，第37页。

③ 《马克思恩格斯全集》第27卷，人民出版社，1972年版，第13页。

④ 《马克思恩格斯选集》第1卷，人民出版社，1995年版，第294页。

“爱国守法、明礼诚信、团结友善、勤俭自强、敬业奉献”二十字的公民道德基本规范，还提出“要大力倡导以文明礼貌、助人为乐、爱护公物、保护环境、遵纪守法为主要内容的社会公德”，“要大力倡导以爱岗敬业、诚实守信、办事公道、服务群众、奉献社会为主要内容的职业道德”，“要大力倡导以尊老爱幼、男女平等、夫妻和睦、勤俭持家、邻里团结为主要内容的家庭美德”。党的十七大报告在社会公德、职业道德、家庭美德的基础上，又提出了个人品德。个人品德是一个人道德素养的综合表现。社会主义核心价值观在个人层面的表现，与社会公德、职业道德、家庭美德在某些方面有交集，而主要与公民道德基本规范所概括的“爱国守法、明礼诚信、团结友善、勤俭自强、敬业奉献”这二十个字非常接近，同时也与个人品德所具有的基本内容相吻合。社会主义核心价值观从个人角度，说到底也是从社会主义的公民角度出发，揭示出“爱国、敬业、诚信、友善”是我国现实社会公民的价值取向，既继承了多年来我国社会道德建设所取得的重要成果，又依据了价值观的一般特性和我国社会主义社会公民的特点，是理论认识上的重要进步。

（一）爱国

爱国简单地说就是热爱自己的祖国，它是指个人或集体对自身所属国家的一种积极的态度和认同的行为。爱国可以发展为爱国主义，它的主张和态度是：对祖国的成就和文化感到自豪；强烈希望保留祖国的特色和文化基础；对祖国其他同胞的认同感。中华民族有史以来就有一种对自己的祖国热爱、眷恋的爱国主义情感。这种情感把个人与伟大的祖国联系起来，把祖祖辈辈生息繁衍的中华大地及其伟大的人民、灿烂的文化渗入到自身的情感之中，从而产生出对祖国的赞美、热爱和依恋之情。中华民族的这种强烈的“本根”意识，使中国人无论身处何地，都有一颗赤诚的“中国心”。中国人的这种爱国主义情感使得他们把祖国视为自己的“根”，视为自己的母亲，以自己是一个中国人而感到骄傲和自豪。我国近代思想家梁启超曾经在他写的《少年中国说》一文中写道："美哉我少年中国，与天不老！壮哉我少年中国，与国无疆！"①我国民主主义革命思想家孙中山在革命生涯中，历经磨难，但他依然认为"吾侪生在中国实为幸福"。著名爱国将领吉鸿昌在美国考察期间，面对外国人的羞辱，他大声呵斥道："我觉得做一名中国人光荣得很！"在此之后，他每当出入公共场所，都在胸膛上佩戴一块写有"我是中国人"的小木牌。革命烈士方志敏被捕入狱后，他在监狱中写作了《可爱的中国》，书中写道："中国是生育我们的母亲……假如我还能生存，那我生存一天就要为中国呼喊一天；假如我不能生存——死了，我流血的地方，或者我瘗骨的地方，或许会长出一朵可爱的花来，这朵花你们就看作是我的精诚的寄托吧！"②现代杰出的革命家、教育家陶行知曾经深有感触地说："我是中国人，我爱中国，中国现在不得了，将来一定了不得。"邓小平一生三落三起，历经坎坷，当粉碎"四人帮"之后他再次出来工作时，已经七十多岁了。他曾经满怀深情地说："我荣幸地以中华民族一员的资格，而成为世界公民。我是中国人民的儿子，我深情地爱着我的祖国和人民。"他把毕生精力献给了中国人民的伟大事业，谱写了爱国主义的壮丽诗篇。

中华民族精神中，儒家的"修身齐家治国平天下"的思想影响很深。中华民族自古至今都把个人、家庭与国家的命运连在一起，有着深深的"国荣我荣、国辱我辱"的意识，有着强烈的"天下兴亡、匹夫有责"的责任感。在家与国、公与私发生冲突，不能两全时，往往会激发起人们公而忘私、报国而忘家的高尚的爱国主义情感。在中国古代，孔子的"大道之行，天下为公"，孟子的"天下之本在国"，都对家、国、天下之间的关系作了阐述。司马迁的"先国家之急，而后私仇"，"常思奋不顾身以殉国

---

① 梁启超，《少年中国说》。

② 方志敏，《可爱的中国》。

家之急”，范仲淹的“先天下之忧而忧，后天下乐而乐”，陆游的“平生铁石心，忘家思报国”，苏轼的“报国之心，死而后已”，“为国者终不顾家”，等等，都可以说是对中华民族的“天下为公，国家为先”的优秀传统的生动写照。中国近代，中华民族的这种“天下为公，国家为先”的优秀传统进一步得到丰富和升华。一部中国近代史，就是一部近代中国人民的爱国史。在反抗帝国主义侵略和蹂躏、捍卫国家安全、变革图强中，无数爱国志士置个人的利益于不顾，甚至把生命置之度外，表现出了公而忘私、报国而忘家的高风亮节。无论是禁烟运动、义和团运动、中日甲午战争，还是洋务运动、戊戌变法、辛亥革命，都不同程度地渗透着浓浓的爱国主义情愫。清代著名思想家谭嗣同在甲午战争中国战败、签订了丧权辱国的《马关条约》后，悲愤交集，写下了一首诗：“世间无物抵春愁，合向苍冥一哭休；四万万人齐下泪，天涯何处是神州。”表达了他的爱国之情。旧民主主义革命的先驱孙中山就把“天下为公”作为自己终生追求的目标和理想，并把它作为自己思想体系的基本精神。自新民主主义革命以来，中华民族在中国共产党的领导之下，把中华民族的公而忘私、报国而忘家的爱国主义优秀传统表现得淋漓尽致。抗日民族英雄吉鸿昌被捕后，在英勇就义之前，面对敌人的屠刀，泰然自若，用树枝作笔，写下了气壮山河的诗句：“恨不抗日死，留作今日羞。国破尚如此，我何惜此头！”在新中国成立后的社会主义建设事业中，无数共产党人舍小家顾大家，表现了高尚的爱国主义情怀，谱写了一曲又一曲的感天动地的诗篇。著名科学家茅以升，33 岁就在国外获得博士学位，当时有人以“科学无祖国”这样的话劝他留在美国工作，被他拒绝了。他说：“纵然科学无祖国，科学家却是有祖国的。我是中国人，我的祖国更需要我。”他毅然决然回到祖国，投入到祖国的社会主义建设事业中来。我国改革开放以来，无数中华儿女为了国家的社会主义建设事业，艰苦奋斗，无私奉献，以他们感人至深的事迹诠释了新时期的爱国主义。蒋筑英、李素丽、孔繁森、许振超、郑培民、牛玉儒……他们作为新时期的爱国主义者，为全国人民树立了光辉的榜样。

爱国还表现为浓厚的忧国忧民意识。中国古代春秋战国时期，中华民族的忧国忧民意识就已经产生了。《战国策》中写道："寡人忧国爱民，固愿得士以治之。"[①]儒家的重要代表人物孟子也表现了这样的情怀："入则无法家拂士，出则无敌国外患者，国恒亡。然后知生于忧患而死于安乐也。"[②]他还说："乐民之乐者，民亦乐其乐；忧民之忧者，民亦忧其忧。乐以天下，忧以天下，然而不王者，未之有也。"[③]《易传》也表达出浓厚的忧国忧民意识："君子安而不忘危，存而不忘亡，治而不忘乱，是以身安而国家可保也。"[④]屈原面对楚国民不聊生的境况，发出"长太息以掩涕兮，哀民生之多艰"的感叹。中国近代，面对清政府的腐败无能和外国列强的肆意入侵，中华民族的忧患意识被极大地激发出来。而且，这种忧患意识在许多爱国人士那里，转化为救亡图存、救国救民的伟大爱国行动。孙中山面对中华民族的内忧外患，就表达了自己对国家和民族命运的强烈担忧："方今强邻环列，虎视鹰瞵……蚕食鲸吞，已效尤于接踵；瓜分豆剖，实堪虑于目前。呜呼危哉！有心者不禁大声疾呼，亟拯斯民于水火，切扶大厦之将倾，庶我子子孙孙，或免奴隶于他族。"[⑤]他发出"天下安危，匹夫有责，先知先觉，义岂容辞"的呼声，并积极投入到革命运动中，把救国救民于水深火热之中作为毕生的追求。中国共产党人在中华民族危亡之际，率领中国人民进行了艰苦卓绝的斗争，前赴后继，不怕牺牲，表现出了忧国忧民的时代最强音。

爱国是爱国情感、爱国觉悟和爱国行为的统一。其要求主要

---

① 《战国策·齐》。
② 《孟子·告子下》。
③ 《孟子·梁惠王下》。
④ 《周易·系辞下传》。
⑤ 孙中山，《兴中会章程》。

有：第一，要有民族自尊心、自信心，这是爱国的基本要求。它集中表达了人们对“生于斯、长于斯”的国土的深厚情感，对祖国悠久历史和灿烂文明的高度自豪，以及对祖国光明未来的高度自信。它要求人们在任何情况下都要维护国家的形象，不要丧失国格；都要维护国家的安全，不要损害国家的利益。在强国、大国面前，不能妄自菲薄，更不能崇洋媚外。第二，自觉维护和促进国家的统一和发展。爱国就是热爱、保护、建设自己安身立命的家园和国土。国家的命运和个人的命运是息息相关的，“国亡家破”是自古以来人们就明白的道理。热爱自己的祖国，就是自觉地为祖国的独立、繁荣、富强、民主、文明、和谐而做出自己最大的贡献。为此，必须把国家利益与个人利益统一起来，不允许把个人利益凌驾于国家利益之上。在任何情况下，都要做到识大体、顾大局，以国家的利益为重，尤其是在民族、人民需要的情况下，为了国家的利益能够勇于牺牲个人的利益，像林则徐所说的：“苟利国家生死以，岂因祸福避趋之。”第三，热爱人民。人民是国家的主人，是社会历史的创造者。爱国，必须爱人民。只有热爱人民，关心人民群众的疾苦，想人民之所想，急人民之所急，以人民群众的幸福快乐为自己的幸福快乐，全心全意为人民服务，才能成为一个真正的爱国者。第四，拥护中国共产党。爱国与热爱中国共产党是统一的，热爱中国共产党是爱国主义的基本要求。中国共产党是我国各族人民利益的忠实代表，正如毛泽东所指出的：“共产党是为民族、为人民谋利益的政党，它本身决无私利可图。它应该受人民的监督，而决不应该违背人民的意旨。它的党员应该站在民众之中，而绝不应该站在民众之上。”① 中国共产党人在长期的革命斗争和建设实践中，以实际行动表明，他们除了工人阶级和广大人民群众的利益，没有自己的特殊利益。中国共产党自诞生以来，就肩负着实现国家独立、统一、发展和中华民族伟大复兴的伟大历史使命，为新中国的成

① 《毛泽东选集》第3卷，人民出版社，1991年版，第809页。

立、中国现代化的发展、国家的富强、民主、文明、和谐做出卓越的贡献。在当今中国，爱国表现为爱党，这是由中国的历史和现实所决定的。第五，热爱社会主义。中国走上社会主义道路，这是中华民族长期探索和选择的结果，在中国近代，无数志士仁人为了中华民族的独立，为了中华的崛起和富强，尝试过许多救国的道路，都没有走通。中国共产党成立后，结合中国的实际，把马克思主义普遍原理与中国的实际相结合，带领中国人民推翻了“三座大山”，才使中国人民从此站立起来。新中国成立之后，在中国共产党的领导之下，成功地进行了社会主义建设，特别是改革开放以来，中国特色社会主义伟大事业蓬勃发展，表现出巨大的生机，全面建成小康社会的目标即将实现，中华民族的伟大复兴指日可待。因此，爱国在当今中国应该集中地表现为热爱社会主义。

（二）敬业

敬业，是指从业者对自己所从事的职业的忠诚、热爱的态度和精神状态。中华民族历来有“敬业乐群”“忠于职守”的传统美德。中国古代春秋时期，孔子就主张人在一生中始终要勤奋刻苦，为事业尽心尽力。他曾经说过“执事敬”“事思敬”“修己以敬”的话。《论语》中记载了一段故事：子路问孔子什么叫君子，孔子回答说：“修己以敬。”这里的意思就是说，作为君子，应该是能做到修身养性，保持严肃恭敬的态度。北宋时期的程颐曾经说：“所谓敬者，主之一谓敬；所谓一者，无适（心不外向）之谓一。”[①] 意思是说，专心致志于一件事，心无旁骛就是做到了敬。我国最早提出“敬业”一词的，是近代学者梁启超。他在《敬业与乐业》一文中，把敬业和乐业看成是人生的至高法则。他认为，所有职业都是神圣的，都是可敬的。因此，无论从事什么样的工作，无论这个职业的报酬和地位高低，都是值得尊敬

---

① 《二程遗书·卷十五》

的。在他看来，从事工作和劳动，也是每个人来到世上的必然；劳作便是功德，不劳作便是罪恶。只要根据自己的才能和境地，把一种劳作做到圆满，便是天地间第一等人。他认为，如果一个人对于自己的职业不敬，从道理方面讲，是亵渎了职业之神圣；从个人方面说，一定会把事情做糟了，结果自己害自己。因此，敬业“对于人生最为必要，又于人生最为有利”。

敬业，是职业道德中的重要内容。2001 年中共中央制定的《公民道德实施纲要》就提出“要大力倡导以爱岗敬业、诚实守信、办事公道、服务群众、奉献社会为主要内容的职业道德”。作为社会主义核心价值观的敬业，反映了对社会主义社会公民的道德要求，充分体现了社会主义公民对职业的价值取向。它主要表现为：第一，热爱本职工作。每一个公民在社会中都会有一定的职业，职业是公民与社会联系的重要方式和途径。《中华人民共和国职业分类大典》将我国职业分为 8 个大类，66 个中类，413 个小类，1838个细类。过去我们经常说有 360 行，随着人类社会的发展，现在职业的种类已经达到了几千个。每一种职业都有它的合理性、必要性，都需要一定的人员去承担。“干一行，爱一行”，就是我们对热爱本职工作的形象表述。例如，许振超是青岛港的一名普通工人，他刚进港时，别人上班包里只拎个饭盒，他的包里却多一本书。到上海港学桥吊，别人周末去逛上海滩，而他一门心思地泡在码头上研究图纸。有些跟他一起的工友认为搬运工不会有什么大作为，可许振超相信：知识可以改变命运，岗位能够成就事业！他带领他的团队创造了多项世界纪录，在平凡的岗位上做出了不平凡的事业。第二，兢兢业业工作。敬业，要求对待职业或事业要严肃认真，一丝不苟，精益求精。这是一种对待职业的态度。这里的敬业，有对职业敬重、敬畏的意思。就是指一定要把自己的职业当作一种神圣的事业，勤勉工作，任劳任怨，努力把工作做得最好。全国劳动模范李素丽曾经说：“认真能够把事情做对，用心才能把事情做好。”李素丽是北京公交窗口行业的优秀代表，在公交平凡的工作中，始终把全心全意为人民服务作为自己的人生追求，时刻牢记自己是首都公交战线的一名普通员工，坚持岗位做奉献，真情为他人，以强烈的首都意识、服务意识和公交窗口意识，诠释着公交“一心为乘客，服务最光荣”的行业精神，赢得了广大乘客的尊重和爱戴。第三，努力钻研业务。敬业，就必须有从事职业工作的本领，还需要“干一行，钻一行”。1975 年，徐虎从郊区农村来到上海城里，当上了房修水电工，担负起管区内6000多户居民的水电维修、房屋养护工作。干房修水电这一行，不仅活脏活累，而且需要技术过硬。他只要有空，就认真钻研房修水电业务。他到居民家里维修时，不仅态度诚恳，而且业务过硬，受到了居民的高度赞扬。他以平凡的工作，折射出耀眼的时代光芒，他以一颗金子般的心，赢得了人民群众的称赞和社会的认可，激励着人们崇尚先进，敬业爱岗，多次被评为全国劳动模范。第四，真诚服务群众。敬业，同时还需要树立全心全意为人民服务的意识，心里装着群众，一心为了群众。在 2013 年感动中国的十大人物中，有一位是云南省沾益县人力资源和社会保障局副局长。云南沾益县是劳务输出大县，陈家顺担任副局长后，积极组织家乡农民到浙江义乌等地务工，并关注他们的切身利益，为他们排忧解难，用实际行动诠释了一名共产党员全心全意为人民服务的宗旨。为保障外出务工人员的合法利益，摸清农民工工作、吃住、工资待遇、劳动时间等情况，陈家顺从 2007 年 9 月起先后深入 5 家用工企业，以农民工的身份应聘到企业“卧底”打工。他和农民工兄弟同吃同住同劳动，当过操作员、仓库保管员，养过猪，干过装卸工，当过民办学校教师。几年来，他“卧底”考察了义乌市及周边县市的许多家企业，为农民工提供了 180 多家用工情况良好的企业信息。在调解各类用工纠纷时，他总是挺身而出，为农民工利益据理力争。4 年来，共为农民工调解各类纠纷 780 余起，挽回损失 180 万余元。在农民工遇到困难时，他想方设法帮助解决，多次协调企业垫付农民工车费、伙食费、医药费等共 7 万多元。这些实实在在的行动，赢得了当地农民工和社会各界的称赞，陈家顺被人们誉为“卧底局长”“民工局长”。第五，甘愿奉献社会。敬业，也包含着一种奉献精神，即在工作中不计个人得失，心甘情愿地把自己的才能奉献给社会。白求恩是一位加拿大共产党员，为了中国的抗日战争事业，放弃安逸的生活，不远万里，来到中国。这是一种非常高尚的共产主义精神，同时也是崇高的敬业精神。他不惜牺牲自己的利益，把一生献给了反法西斯事业。这种对共产主义事业、对反法西斯事业的投入，深深地感动了每一个中国人。2012 年评出的感动中国的十大人物中，有我国“两弹一星”的元勋朱光亚。从上个世纪 50 年代开始，他把大半辈子的时间献给了我国核事业。他淡泊名利，不计个人得失，在我国的核事业发展中默默奉献。1996 年，朱光亚获得一笔 100 万元港币的奖金，全部捐给了中国工程科技奖励基金会；1997 年，又将积攒的 4 万余元稿费捐给了中国科学技术发展基金会。像朱光亚这样的老一辈的科学家我国还有很多，他们是中华民族的脊梁。他们的这种崇高精神将永远激励着一代又一代的中国人投入到伟大的社会主义事业之中。

把敬业纳入到社会主义核心价值观中来，更注重了价值观的实践性和现实性。因为在现代社会中，几乎每个人都离不开自己的职业，几乎每个人都有自己的事业。每一个人在自己的职业生涯中，在自己为之奋斗的事业中，勤勤恳恳，努力工作，在为社会奉献和创造的同时，也锻炼和改造了自己，提高了自身的素质，得到了物质和精神的满足。通过对敬业价值观的培育和践行，推进了社会主义文化建设的发展。

（三）诚信

诚信，简单地说就是待人处事真诚、实在、重信誉、讲信义。诚信是我国古代传统的美德。我国古代的辞书《说文解字》对诚信二字的解释是：“诚，信也。”“信，诚也。”由此可见，这两个字非常相近，甚至可以互相解释对方。“诚”是先秦儒家的重要道德范畴和哲学概念。孟子对“诚”作出了解释：“是故诚者，天之道也；思诚者，人之道也。至诚而不动者，未之有也；不诚，未有能动者也。”[①] 在他看来，诚不但是天道本体的最高范畴，也是做人的规律和道理。荀子对“诚”作了进一步解释，指出它为“政事之本”。他说：“天地为大矣，不诚则不能化万物；圣人为知矣，不诚则不能化万民；父子为亲矣，不诚则疏；君上为尊矣，不诚则卑，夫诚者，君子之所守也，而政事之本也。”[②] 古代典籍《礼记》中，把“诚”看成礼的核心范畴和人生的最高境界：“唯天下至诚，为能尽其性；能尽其性，则能尽人之性；能尽人之性，则能尽物之性；能尽物之性，则可以赞天地之化育；可以赞天地之化育，则可以与天地参矣。”[③]它对至诚的意义作了论述，认为有了诚笃的品德和态度，就可以贯通多种仁义道德，成己成人，甚至能够尽人之性，尽物之性，赞天地之化育而与天地参，达到“天人合一”的境界。古代典籍《大学》把“诚意”作为八条目之一，即格物，致知，诚意，正心，修身，齐家，治国，平天下。“诚”成为古代圣贤们体察天意、修身养性和治国平天下的重要环节。宋代儒家学者周敦颐进一步认为“诚”为“五常之本，百行之源也”，把包括诚实在内的“诚”看作仁、义、礼、智、信这“五常”的基础和各种善行的开端。程颐更为直截了当地说：“吾未见不诚而能为善也。”其见解入木三分。“信”也是中国古代重要的伦理学范畴，它的基本含义是指遵守承诺，言行一致，真实可信。孔子对“信”作了多方面的论述，在他看来，“信”是“仁”的体现，他要求人们“敬事而信”。孔子曰：“信则人任焉”，“人而无信，不知其可也”。孔子和孟子都把“信”作为朋友交往的重要原则，强调“朋友信之”，“朋友有信”。中国古代统治者还将“信”作为维护秩序的重要工具。《左传》中就有这样一段话：“弃信而坏其主，在国必乱，在

① 《孟子·离娄上》。
② 《荀子·不苟》。
③ 《礼记·中庸》。

家必亡。”①《吕氏春秋》对社会生活中的不信及其后果作了分析，最后得出结论，唯有信在这个社会中才行得通。他说：“君臣不信，则百姓诽谤，社会不宁。处官不信，则少不畏长，贵贱相轻。赏罚不信，则民易犯法，不可使令。交友不信，则离散郁怨，不能相亲。百工不信，则器械苦伪，丹漆不贞。夫可与为始，可与为终，可与尊通，可与卑穷者，其唯信乎！”②汉代董仲舒将“信”与仁、义、礼、智并列称为“五常”，并把“五常”看作社会中最基本的行为规范。古代最先将“诚”与“信”连在一起使用的，是在《逸周书》中：“成年不尝，信诚匡助，以辅殖财”，“父子之间观其孝慈，兄弟之间观其友和，君臣之间观其忠惠，乡党之间观其信诚”。③这里的“信诚”与“诚信”意义相同，都是诚实、守信的意思。

诚信是现代社会人与人交往中必须具备的一种品质，它要求人们真诚待人、信守诺言。诚信也是德性伦理和规范伦理的统一。“诚”强调的是人的内心信念的真诚，是一种品行和美德；而“信”则是诚这种内在品德的外在化显现，是一种责任和规范。中国古代就有“诚于中而信于外”的说法。诚信也是道义论和功利论的统一。它可以作为一种方法促进道德建设，又可以作为神圣的使命和内在的义务，促进人的修养和品质的提高。

诚信作为个人层面的价值观，在现代社会中具有重要意义。它是一种高尚的人格力量，是一个人的安身立命之本。一个人如果没有诚信的品格和素质，对内来说难以形成完备的自我，对外来说，无法发挥出自己的智慧和能力。宋代学者程颐曾经指出：“学者不可以不诚，不诚无以为善，不诚无以为君子。修学不以诚，则学杂；为事不以诚，则事败；自谋不以诚，则是欺其心而自弃其忠；与人不以诚，则是丧其德而增人之怨。”④“诚”是

---

① 《左传·文公四年》。
② 《吕氏春秋·贵信》。
③ 《逸周书》。
④ 《二程遗书》卷二十五。

德、善的基础和根本，也是一切事业得以成功的保证；“信”是一个人形象和声誉的标志，也是人所必须具备的最起码的道德品质。在当今社会中，诚信缺失是非常危险的。孔子在《论语》中说道：“人而无信，不知其可也。大车无輗，小车无軏，其何以行之哉?”① 诚信缺失，在现代社会中就会寸步难行，正常的人际交往就会受到破坏，就难以在社会中受到信任，没有应该有的信誉，工作也会大打折扣，一切经济交往都会因没有信用而受到损失。

在社会主义市场经济中，坚持诚信的价值目标，对于保证市场经济的正常运行，具有重要的意义。市场经济本质上是契约经济，信用是市场经济运行的基础。大力弘扬诚信的社会主义核心价值观和传统美德，是促进我国社会主义市场经济发展的重要途径。

诚信作为社会主义价值取向，不仅是对普通公民的要求，更是对党和国家领导干部、工作人员的要求。政府诚信是诚信的重要方面，它对全社会具有示范效应。党和国家领导干部及工作人员的诚信虽然不能完全代表政府诚信，但也是政府诚信的一个重要窗口。因此，培育和践行诚信这种社会主义核心价值观，应该特别注意教育和规范党和国家领导干部及其工作人员。

在社会主义道德建设中，诚信作为传统美德被弘扬光大，涌现出无数坚守诚信美德的楷模。2013 年 9 月评出的全国第四届道德模范中，有一位非常平凡的老人，他的名字叫吴恒忠。2001 年，吴恒忠的儿子吴君借钱买了辆货车跑运输，却不幸于 2003 年因车祸去世，留下了一个 4 岁的孩子和 19 万元的债务。吴恒忠忍着老年丧子之痛，上山开荒种粮，日夜辛劳，节衣缩食，替子还债。由于长年劳累，自己落下一身病，但他仍在履行自己的诺言。19 万元的债务，对于吴恒忠这位 60 多岁的老人来说，无疑是个天文数字。吴恒忠将山上的荒地开垦出来，一个人耕种了 52

---

① 《论语·为政》。

亩地，成为当地种粮大户。只要有了一点积蓄，他就拿去还债，靠自己勤劳的双手为儿子还债15万多元。当地的老百姓写了一首诗称赞他："今生不欠来生账，子债父还道德高。诚信老爹吴恒忠，信义无价美名扬。"

诚信作为社会主义核心价值观，是目标和过程的统一、目的和手段的统一。作为价值观的目标、目的，是属于理想范畴的东西；同时，这一理想目标不是抽象的，又具体地体现在社会主义现实实践之中，它又是过程、手段。

（四）友善

友善，简单地说就是待人处事过程中一种友好、善意的态度、方式。在中国文化传统中，儒家在阐述其学说时提出了"仁"的核心理念，主张在人际交往中持一种友善的原则。对于什么是"仁"这个问题，孔子在《论语》中作了很多解释，这些解释归结起来就是在待人接物中要"爱人"。《论语》中写道："樊迟问仁。子曰：'爱人'。"[①]孔子认为"仁"的主旨就是爱人，以友善的态度对待别人。他还说："夫仁者，己欲立而立人，己欲达而达人。能近取譬，可谓仁之方也已。"[②]"己欲立而立人，己欲达而达人"是孔子的一个重要思想，也是他推行"仁"的重要原则，在他看来，做到了"推己及人"，也就是做到了仁。他还对仁的思想用五个方面来具体阐释："恭而不侮，宽则得众，信则人任焉，敏则有功，惠则足以使民。"[③]他认为，通过广泛地践行"恭、宽、信、敏、惠"这五种美德，就能达到仁的境界；能身体力行地做到"恭敬、宽厚、诚信、勤敏、慈惠"，就是"仁"的表现。儒家的这种价值理念，注重修身、慎独，强调对待他人要友善、宽厚，并以此作为衡量"君子"还是"小人"的

---

① 《论语·颜渊》。
② 《论语·雍也》。
③ 《论语·阳货》。

重要标准。

在人类文明发展过程中，基督教的博爱精神对人类也产生过很大影响。《圣经》提出了人类生活中“爱人如己”的原则，在这个原则下所爱之人包括自己的亲人、邻居、甚至包括自己的仇人。这样，基督教中的爱人如己的思想就具有了一种超越血缘、氏族、地域和等级的意识，产生出一种博大平等的精神，彰显出基督教精神的独特性。在儒家的仁爱思想中，对人的爱体现了以血缘关系为基础、以爱亲人为中心并逐渐向外辐射递减的关系。中国古代墨子的“兼爱”思想虽然体现了爱无差等的平等思想，但也正由于墨子的思想不适应中国强大的血缘关系的宗法家族观念，因而很难在中国发扬。相比较来说，基督教的爱人如己的思想，包含着人类的一种平等意识、整体意识和超越意识，因而它对人类的生存和发展，对人类调整和消解自身生存的基本矛盾，有着独特的作用。在人类的语言中，“爱”表达了人与人之间的一种特殊关系。由爱所引申出的关心、关爱、爱护、友善、友爱、仁爱、慈爱、博爱等等意思，都表达了人与人、人与万物之间的感情。在基督教思想中，爱的对立面是恨。爱的消逝与人性恶的一面相关联。在人性恶的一面的引导下，圣洁之爱消退了，人类之间的冲突和斗争产生了，人与人之间的仇恨也由此产生。仇恨意味着人与人、人与万物关系的紧张和对立。而消解仇恨，爱是一剂最好的良药。因为爱作为人类应有的圣洁的本性，要求人们敞开心怀，对其他人和万物予以付出和贡献，甚至不惜牺牲自己的利益和生命，正如基督以生命的代价为人类赎罪一样，表达出上帝对人类的爱。在这种爱的感染和作用下，爱成为一种共同的感受，使人与人、人与万物处在和谐统一的状态。当然，基督教不可能真正认识人世间爱与恨产生的根源，这是从一种宗教意识角度对爱和恨作出解释。在阶级社会中，爱与恨所产生的最根本的原因是私有制的存在和阶级的对立。所以，抽象地讲爱和恨很容易让人们忽视爱与恨所产生的社会根源。尽管如此，基督教的博爱精神对于我们理解人类社会中友善、友爱情感还是有一定的启示意义的。

在社会主义和谐社会建设中，友善是人际交往中的“润滑剂”，它能够消除人们之间的隔阂、对立、摩擦和冲突。从友善出发，就能够在人与人的交往中互相关心、互相爱护、互相帮助，就能够“化干戈为玉帛”，避免那种“以怨报怨”的恶性循环，就会消除人世间的那些恶劣情欲，避免相互猜疑、勾心斗角、尔虞我诈，使人们和谐相处。友善意味着宽容、大度，俗话说得好：“退一步海阔天空。”在人际交往中，许多事情都是无原则的小事，不是什么大是大非问题。对于这些问题，人们要学会忍让和宽容。友善还有利于唤醒和强化人际亲情。自古以来，中国都是一个十分重视亲情的国度。费孝通在《乡土中国》一书中对中国的这种以亲情为圆心向外扩散的关系论述得很深刻。他指出：“我们社会中最重要的亲属关系就是这种丢石头形成同心圆波纹的性质。亲属关系是根据生育和婚姻事实所发生的社会关系。从生育和婚姻所结成的网络，可以一直推出去包括无穷的人，过去的、现在的和未来的人物。”① 从这个角度来看，在中国友善也是差等有序的。首先是对亲人、然后是对朋友、同乡、同学、同事，其后才是对其他所有的人。孟子所说的一句话很能说明这种现象：“老吾老及人之老，幼吾幼及人之幼。”②通过推己及人，把友善这种亲情关系扩散出去。“人间自有真情在”，在中国，首先是对自己的老人、爱人、孩子的亲情，逐步根据亲情的疏远向外扩散，最后推及到所有的人。如果一个人对自己的老人、爱人、孩子都不友善，很难做到在社会上对其他人的友善。当然，我们在这里讲这个道理，并不是提倡这种狭隘的友善，还是要在全社会公民中倡导一种“大爱”，一种全社会的友善。

在社会主义市场经济条件下，市场配置资源、利益主体多元以及对利润的最大化的追求，使得不同利益主体之间的竞争十分

---

① 费孝通，《乡土中国》，北京大学出版社，2012 年版。

② 《孟子·梁惠王上》。

激烈，博弈格局的存在不可避免。尽管如此，友善仍然是当今社会的核心价值观之一。因为博弈有零和博弈和非零和博弈两种。零和博弈是你输我赢、你胜我败、你死我活的一种博弈格局；而非零和博弈则是双赢、多赢的一种博弈格局。我国的市场经济虽然存在着竞争，但这种竞争大部分情况下都是一种多赢的非零和博弈。在这种情况下，友善就是一种处理各种利益主体关系的一种重要原则，俗语讲的“和气生财”就会成为现实。那种不择手段的恶性竞争、尔虞我诈，以坑害对方、搞垮对方为目的的不正当竞争，都会破坏社会主义市场经济的秩序，破坏社会主义和谐社会的构建。

弘扬和践行友善这一社会主义核心价值观，就是要在全社会大力倡导友好、友爱的价值导向，大力倡导社会公德、职业道德、家庭美德和个人品德，创造与人为善、充满爱心、团结互助、宽容和谐的社会氛围，使人们在这种环境下感受到社会主义大家庭的温暖，使人们在一个心情舒畅、温馨、愉快的条件下幸福生活和工作。

爱国、敬业、诚信、友善，这四个方面在个人层面上彰显了社会主义核心价值观。这四个方面是一个统一的整体，紧密地联系在一起。培育和践行在个人层面的社会主义核心价值观，要与社会主义道德建设紧密地联系在一起。因为它们一方面是社会主义公民的价值理想，另一个方面也是社会主义道德规范。

第四章 培育和践行社会主义核心价值观中存在的问题

培育和践行社会主义核心价值观是一项复杂的系统工程，在实际的建设过程中，理想与现实的反差、多元文化的冲击、道德失范的影响、思想教育的缺位以及宣传方式的滞后等因素都产生了消极的阻碍作用，认真剖析和深刻认识存在的这些问题，对于顺利推进社会主义核心价值观建设具有重要的理论意义和实践价值。

一、理想与现实的反差

在社会转型、体制转轨的改革发展过程中，我国社会进入一个特殊的发展阶段和特殊的现代化进程，由于经济发展不平衡引发了许多社会问题，不可避免地引发社会道德的嬗变，同时也引发了人们价值观念方面的冲突。有理想迷失、信念动摇者，有道德堕落、观念扭曲者，一些腐朽落后思想、文化沉渣泛起……但越是纷繁复杂，越要站得住脚跟，越需要用社会主义核心价值观做思想的压舱石、价值的定盘星，培育昂扬向上的公民品格。

（一）全球化带来的世界格局的变化

全球化作为世界发展的重要趋势，不仅仅表现在经济方面，它给整个世界政治、社会、文化、环境带来的影响也越来越受到关注。世界各国之间的联系不断增强，国与国之间在政治、经济贸易上的互相依存增加。一方面，国际政治格局和政治力量对比发生了重大的变化，两种社会制度的竞争，两种意识形态的对立，两种生活方式的比较依然长期存在，而且拉近了彼此之间的距离。我国的社会和政党制度成为西方敌对势力在全世界推行资本主义体系的最大障碍。另一方面，我国与西方资本主义国家的关系发生了重大变化。从冷战时期的主要向一些社会主义国家开放，与西方资本主义国家则处于对立和斗争的状态转变为20世纪70年代后，与一些西方国家有限度地开放与合作。随着全球化进程的推进和世界政治斗争格局的改变，我国已经加入世界贸易组织，进入到全方位开放的时代，与西方资本主义国家的关系也发展为如今的既合作又斗争。

在全球化形势下，作为一个发展中国家的中国，必须积极地融入全球化，才能抢得发展机遇，但同时也不得不承受西方发达国家政治、经济、文化的强势地位的压力，受到西方国家政治经济体制、文化价值观念和腐朽生活方式的消极影响。在与西方国家进行交往的同时，资本主义的思想观念、政治制度、民主方式等，不可避免地会对我国社会造成影响，与我国的价值观念产生碰撞和冲击，无疑会给我国的思想文化建设，特别是核心价值观建设带来影响。在这种情况下如何教育人们坚持马克思主义指导思想不动摇；如何弘扬时代精神和民族精神，继承优良传统，弘扬正气；如何教育人们克服拜金主义、享乐主义、极端个人主义价值观的侵蚀等等，都有待于通过核心价值观建设而加以解决。因此，国际政治格局和政治斗争环境的变化，使得核心价值观建设面临压力和严峻挑战。

（二）苏东剧变引发的对共产主义理想认同缺失

中国特色社会主义共同理想是社会主义核心价值观的主题，是科学社会主义在当代中国的主要表现形式。在中国共产党领导下，走中国特色社会主义道路，实现中华民族的伟大复兴，这是现阶段中国各族人民的共同理想。坚信社会主义取代资本主义的历史必然性，坚定不移地坚持共产主义远大理想，是我们党的强大精神支柱和力量源泉。中国特色社会主义共同理想就是共产主义远大理想在我国现阶段的分解和具体化。这个共同理想，把党在社会主义初级阶段的目标、国家的发展、民族的振兴与个人的幸福紧密联系在一起，把各个阶层、各个群体的共同愿望有机结合在一起，经过实践的检验，有着广泛的社会共识。

然而，由于国内外形势的复杂多变，特别是前苏联解体、东欧剧变，使世界社会主义运动遭到巨大挫折，共产党的执政地位纷纷丧失，社会主义国家改变了性质，苏东地区原有的 9 个社会主义国家，变成了 27 个至少在价值取向上已不是社会主义的国家。国际社会主义运动进入低潮，这不能不使人们对世界社会主义的前途产生某种忧虑，致使当前在坚定中国特色社会主义共同理想的过程中，出现了种种负面认识，认为社会主义失败了，动摇了共产主义的科学信仰，怀疑共产主义制度的最终实现，这给坚持中国特色社会主义共同理想带来严重干扰和影响。再看资本主义世界，由于资本主义国家更多地干预和直接参与社会经济活动，在一定程度上适应了生产社会化和资本国际化发展的需要，实行了社会保障、保险和福利措施，采取“高工资、高福利、高消费”的政策，相当一部分国家提高和改善了劳动人民的收入和物质生活水平，越来越多的“蓝领”成为“白领”。这些新的变化和措施，在某种程度上缓解了资本主义社会的矛盾，使资产阶级的统治秩序比较稳固。与此同时，由于社会主义国家仍处于生产力发展水平较低的阶段，社会主义制度的优越性没有能够充分发挥出来，社会转型期的矛盾冲突加剧，在与资本主义的竞争中，物质文明上的落后和综合实力上的弱势至今未能改变，致使一些人开始怀疑社会主义制度的优越性和共产主义理想的科学性。

经济发展的水平低，使社会主义的优越性体现不出来，在世界的比较中，人们的心理失衡，对社会主义产生怀疑和不满，造成人们理想信念的淡化和丧失。理想信念丧失带来文化的无根化现象和精神家园的失落，面对多元多样的社会，人们的独立性、差异性、选择性极大提高，这是社会的进步，但如果缺乏强有力的思想政治工作和核心价值观的引导，任由这种文化和精神的无根化现象蔓延，在市场经济不健全、体制机制有待完善的情况下，无序自由的状态容易带来理想信念的丧失，道德诚信的滑坡，文化领域的低俗化、庸俗化，拜金主义的盛行和私欲的膨胀，无政府状态和非理性行为增多，危害社会治安和稳定。这些问题的出现严重影响了党和政府的威信和形象，给新形势下的核心价值观践行带来许多新的问题。

理想信念本身具有相对的稳定性，但由于受到各种复杂社会因素的影响，特别是苏东剧变，社会主义运动处于低潮，社会生活发生剧烈变动的现阶段，理想信念危机时有发生。自从社会主义制度建立以来，马克思主义在意识形态领域中的主导地位不断加强，共产主义理想和社会主义信念也日益深入人心。但是，随着前苏联解体，社会主义运动发生严重曲折，一些人看不清前进的方向，爆发了理想信念危机。加之长期以来所形成的理想信念教育方式和内容的空洞、泛化的毛病，加剧了理想与实际、与群众的脱离。理想不是空想，它必须深深地植根于现实生活之中，与现实紧密联系，才具有顽强的生命力和强大的推动力。不与人们的实际需要相结合，脱离了人们能够达到和接受的水平，树立共产主义理想信念也就只能停留在口头上，缺少现实根基，树立起来的共产主义信念也只能是脆弱的、虚假的和难以持久的。改革开放后，特别是随着社会主义市场经济体制的逐步建立，领导干部广泛参与经济工作的决策和领导，不可避免地受到经济大潮的冲击，物质利益、金钱、财富对人们生活、工作所具有的直接而现实的意义比以往任何时候都突出地表现出来。以空洞内容和抽象教育方式树立起来的理想信念是不牢固的，经不起现实的考验。作为对过去抽象空洞理想信念教育的一种反叛和否定，发生理想信念危机成为必然。

从抽象理想回归现实显示出了以往理想信念教育存在的弊端，但同时也出现了矫枉过正的现象，在这个过程中，有些领导干部不但丧失了远大的共产主义理想，而且也丧失了任何高尚的理想追求，甚至失去了起码的社会主义信念，沉湎于粗俗的快乐和低级趣味之中，靠疯狂地追求金钱、权力、物欲和美色来填补思想的空虚。有的终日无所事事，碌碌无为，虚度光阴，生活单调、枯燥；有的对于社会发展中的曲折性、艰巨性估计不足，被改革开放过程中出现的困难和社会主义发展进程中暂时的低潮所吓倒，甚至放弃了唯物主义立场，转而信神、信仙、信钱，滑向了悲观厌世主义的泥潭。

（三）社会转型期引发的矛盾冲突

从社会历史发展的进程来看，社会转型时期往往是社会矛盾的多发期。我国目前正经历着前所未有的社会大转型，改革是社会转型的主要推动力量，这不仅带来社会结构广泛而深刻的变化，也导致人民群众需要和利益的新变化，更会激发原有的社会矛盾和引发新的社会矛盾。已经发生或将要发生的一系列深刻变革，引发了人们价值观念方面的冲突，给核心价值观建设带来了新的课题和严峻挑战。《第三次浪潮》的作者托夫勒曾说，任何一次重大的社会变化，都会造成一些人心灵上丧失三种东西：共识、秩序和意义。在这个体制转轨的过程中，一方面是人们的功利、效益、自主、竞争意识的不断增强，给社会的发展带来蓬勃向上的活力；另一方面是原有道德基石的坍塌和新的道德体系尚未建立起来，从而产生共识的缺乏，秩序的混乱和是非善恶界限的模糊，再加上市场经济追求利益最大化的影响、我们对道德建设的重视不够，以及我国处在社会转型的复杂过渡期，极易引发人们只追求自身物质利益的价值观和重利轻义的义利观、社会上人际关系的冷漠、整个社会的躁动不安、急功近利和不择手段，以及只想获得利益而不愿承担责任的无责任化现象的流行。在这种扭曲了的价值观和义利观的支配下，社会的政治、经济、文化等各个领域普遍出现诚信危机、道德失范的现象就不足为怪。

首先，不同利益群体之间的矛盾。随着所有制结构和经济体制的重大变革，我国社会阶层构成发生了新变化，社会阶层不断分化、组合，从而形成了多元化的利益主体，又由此构成了各种各样、错综复杂的社会利益关系和人民内部矛盾。他们的政治愿望和利益诉求各不相同，新形成的对社会资源的占有和分配方式与利益的关系格局取代了以往社会群体之间相对稳定的、模式化的关系结构，而利益关系的重新调整，必然出现一些不可预料的新情况、新问题，从而对社会主义核心价值观建设提出了新的要求。

其次，不同需要和利益之间的矛盾。随着经济结构的转型，人们的需求层次也普遍提升。人的需求呈现出复杂的组合体：一方面呈现多样化、开放化、时尚化、虚拟化，另一方面又呈现回归、趋同和务实；一方面，人的基本衣食住行需求问题尚未完全解决，另一方面，社会已经步入精神、文化、信息消费阶段，有时个人的需求更加集中地表现为群体或利益集团的需求。市场经济对于利益最大化原则的追求极易引发人们只追求自身物质利益、急功近利、重利轻义等价值观的流行，人与人之间的功利化因素增加，人际关系的矛盾和冲突增多，亟待加强社会主义核心价值观建设来解决这些矛盾。当前，社会矛盾集中表现为：一是经济增长与社会事业发展相对失衡，“一条腿长，一条腿短”，是当前我国经济社会发展不协调的一个突出问题。由于有些地方在经济增长的同时，一定程度上忽视了社会事业的发展，致使一些群体的社会保障问题长期得不到解决，引发人们的不满情绪。二是经济增长与收入分配差距相对失衡。改革开放以来，人们的收入分配差距在不断拉大，究其原因，有些是个人素质造成的，有些是体制和政策造成的，也有些是通过非正当手段造成的。一方面，城镇和农村居民之间、城镇居民之间、农村居民之间、不同地区居民之间、不同职业居民之间收入差距扩大普遍性存在；另一方面，因为政策性原因和非正当手段形成的富裕阶层不断涌现。尤其是后者，对社会思想道德意识的冲击不可低估。三是一些社会群体为改革发展做出的牺牲和贡献与应得到的补偿不对等，利益失衡导致心理失衡。四是在执政过程和党政活动中，仍然严重存在着的教条化、模式化、形式化现象，严重误导整个社会思维和社会行为。正是改革中的不完善、不衔接、不彻底造成的漏洞和弊端，为人们的思想道德意识存在问题提供了生存土壤和环境，发展中造成的诸多社会问题，为价值观、道德观扭曲问题的产生、蔓延创造了条件。

二、 多元文化的冲击

文化是人活动的产物和结果，动物不存在有无文化的问题。自从人类出现以来，他所创造的一切成果，不管是物质成果还是精神成果都属于广义文化的范围。在人类历史发展的长河中，不同国家、不同地区、不同民族的思想文化总是相互影响、相互交融，就像条条河水，时而汇集时而分流，奔腾向前、永不停息。这种文化之间相互影响、相互冲击的现象和趋势在当今经济全球化和信息网络化的浪潮中表现更为突出，而在转型期的中国表现得尤为典型。

各种各样的文化，不管是西方的还是东方的，不论是现代的还是传统的，都以或冲突或融合的形式表现出来，无疑会给我国的思想文化建设，特别是社会主义核心价值观建设带来影响。尤其是互联网等新兴传媒手段的发展，每时每刻都在把世界各地的文化信息传播到世界的每一个角落，影响着人们的价值观念、价值选择和价值追求。社会改革和社会发展道路的曲折性以及社会主义初级阶段经济成分的复杂性，使一些人对社会主义前途产生模糊认识，从而动摇了对党的信任，对社会主义的信念；追求利益最大化诱发的拜金主义、功利主义、个人主义和自由主义，造成了一种浮躁情绪；对外开放过程中乘虚而入的西方错误的经济思潮、政治思潮以及封建残余思想的沉渣泛起，中西文化的冲突、激荡，使一些人不辨良莠，产生一种崇洋媚外的情绪和颓废落后的宿命论观点，所有这些都在严重地侵蚀着人们的思想观念和价值判断，都在影响着社会主义核心价值观建设的成效。

（一）西方文化的冲击

当前，在经济全球化的背景下，对外开放日益扩大，不同国家和民族的思想文化相互激荡，特别是来自西方敌对势力的西化、分化我们的图谋及其有目的的文化渗透、政治颠覆阴谋，冲击和考验着我们的文化安全，并对人们的社会生活产生着各种影响，其中也包括我们的主流思想道德观念。资本主义思想文化，集中表现为拜金主义、利己主义、享乐主义等思想意识以及道德相对主义、道德虚无主义价值观念。一旦拜金主义、利己主义、享乐主义等资本主义腐朽思想文化盛行，人们的信仰就会迷失，价值观念就会产生混乱。在“消费至上”“娱乐至死”理念的驱使下，拜金主义、功利主义、享乐主义价值观被放大。

当今世界消费主义之风盛行，波及文化领域，产生了文化消费主义，使文化生产的商业利益追求压倒甚至取代了艺术和精神的追求，文化沦落为纯粹获取经济利益的工具。伴随着流水线式的生产与复制，拒绝深刻、追求感官满足，以消遣性、娱乐性为追求的文化成为消费时尚，文化泡沫、文化垃圾以及庸俗、低俗、媚俗的文化产品由此大量产生。比如，近年来大行于电视的各类选秀节目，不同程度地存在以刻意逢迎观众获得收视率的现象；一些选手、评委把选秀节目当作追逐名利、自我炒作的平台；一些媒体凭借其手中的话语权，百般维护，推波助澜；一些电视明星、媒体红人所代表和渲染的极端个人主义的人生观、价值观也甚嚣尘上。这类节目在带来很高人气的同时，也引起了广大观众的反感。在“消费至上”“娱乐至死”理念的驱使下，这些节目把少数年轻人拜金、自私、享乐的爱情观、价值观一次次加以放大，在以低俗的方式赢得所谓“高收视率”的背后，却是电视媒体社会责任感的沦丧、价值观的迷失、导向的严重偏离。现在的低俗文化，已经到了俗不可耐，让人难以忍受的地步，不反对这股逆流，将造成社会主流价值观错位、人们思想混乱、文化发展方向迷失的严重后果。不容否认，消费主义文化能消解人们日常压力，给人带来感官刺激，但它颠覆了人们的价值观、冲击着社会道德底线，混淆文化视听也是不争的事实。在喧嚣和热闹的背后，没有艺术可言的表现和没有思想的内容，对人们的精神健康产生危害作用。为此，非常有必要把那些为民众所喜闻乐见的文艺作品与那些主张功利主义、宣扬性和金钱至上的错误价值观的文艺作品区别开来。文化消费主义的侵蚀，暴露出人性的扭曲和商业利益最大化追求的驱动，也从另一个角度呼唤着社会主义核心价值观的倡导和践行。

（二）封建文化的影响

我国有着两千多年的封建历史，封建思想和文化的影响可谓根深蒂固，受传统文化中“人治主义”“人情主义”等消极思想的影响，一些不适应市场经济的旧有观念还在发挥着作用，支配着人们的头脑。有的反映在传统文化里，有的遗留在人们的意识中，有的体现在现实生活的层面上，在现实社会发展中，时不时地发挥着它的影响，暴露出封建主义的痕迹。例如，我国目前的社会生活中仍然存在着的等级特权现象，其实质就是“礼不下庶人，刑不上大夫”的特权思想和等级观念的继承和发展。在封建社会里，人们的身份、地位、权力通过户籍制、世袭制等制度加以确立和保障。现在部分制度的建立还没有完全体现最大多数人的意志和利益，而是从制度制定者自身的利益出发，通过制度的形式把不合理的等级特权巩固起来。此外还有“三纲五常”“三从四德”的伦理道德，“学而优则仕”的价值追求，“天不变，道亦不变”的因循守旧观念等等，都透射出与现时代不相称、不相符的地方。社会生活中存在的以官为尊、唯上是从的“官本位”意识；漠视群众的官僚主义习气和做派；以权谋私、贪赃枉法的行为；个人专断的家长制作风；跑官、要官、买官、卖官的恶劣行径；任人唯亲、论资排辈、攀龙附凤的不良倾向；打击报复、欺上瞒下的衙门作风；一人当官、鸡犬升天的现象等等，在很大程度上反映了封建主义思想文化的影响，是加强社会主义核心价值观建设中必须警惕和消除的东西。

中国传统文化中对义利关系的理解仍然影响着当下人们的价值选择。对待义利两者关系上的态度体现了在这一问题上的价值取向。“重义轻利”还是“重利轻义”是两种截然不同的价值取向。“义利之辩”早在先秦就已开始，直到今天，有关义利关系的争论仍然以新的方式进行着。义，即道义；利，即利益。在传统社会中，求利被视为小人的行径，“君子喻于义，小人喻于利”。在古代物质财富相对贫乏且增长缓慢的情况下，求利是和损人联系在一起的，因而只能通过提倡顺其自然、安贫乐道、不患寡而患不均的行为规则来约束人们的行为以解决物质财富不足的矛盾。在计划经济条件下，社会资源由政府按计划进行分配，因此安分守己、服从权威是那个时代在义利问题上的行为规则。在市场经济条件下，求利被认为是合乎市场经济原则的行为，正因为如此，市场经济才能发展起来并成为占主导地位的经济活动方式。应当看到利益的驱动与满足，能够激发人们强烈的意志与努力拼搏的激情，使主体精神充分弘扬与发展，从而创造出更高的社会生产力。但是同时由于利益本身所具有的功利性、竞争性和盲目性等特性，也容易使人陷入金钱和利益的陷阱，并因此把道德、公平、正义、良心等融入利害关系之中。

事实上，义与利的矛盾是指公正合理的道德准则同人们求利行为之间的矛盾。人作为有血有肉的高级动物，为了满足生存、发展的基本需要，求利是人的本性之一。但同时，人作为社会性的动物，求利行为本身又必然受到社会关系的影响。首先，经济改革使社会利益格局发生变化。以往大体平均的利益格局逐渐被日益多元化的新型的利益关系所取代，局部利益、个人利益凸显出来，收入差距明显拉大，无形之中对人们的义利观念造成一定的冲击。其次，经济改革使社会的行为导向发生变化。经济改革把经济建设置于首位并极大地解放和发展了生产力，但也促使越来越多的人把追求富裕、聚敛金钱作为行为的首要目标和第一选择。这种以牺牲道德原则为代价的求利行为，进而影响到了整个社会风气。第三，对于传统封建义利观的反叛。几千年来，以儒家伦理学说为代表的封建道德观念一直占据统治地位。“重义轻利”，“君子喻于义，小人喻于利”，“正其谊不谋其利，明其道不计其功”，直至“存天理，灭人欲”的宣传，把义与利截然对立起来，广大群众饱尝基本生活需要得不到满足之苦。而市场经济的求利本性和利益最大化原则使人们对于利益的追求也就空前地膨胀起来。

在社会主义市场经济条件下，必须承认并强调“利”在经济生活中的作用，但社会主义所强调的利不仅仅是个人利益，更重要的是国家利益、社会利益和全体人民的利益，这种利益的理论表达就是“义”。从总体上说，社会主义的义和利是统一的，离开了社会主义国家的整体利益，任何个人利益都不可能实现。因此，只有在价值取向上遵从重义轻利的原则，才能正确地处理义与利的关系。

（三）传统计划经济文化的束缚

改革开放已经三十多年了，市场经济体制的确立也有二十多年的历史，党的十八届三中全会提出经济体制改革是全面深化改革的重点，核心问题是处理好政府和市场的关系，使市场在资源配置中起决定性作用和更好发挥政府作用。但不容否认，传统计划经济条件下一些旧有的思想文化仍在束缚着人们的头脑。曾经为着姓公姓私、姓社姓资，全社会进行过激烈地争论，曾经为着“草”和“苗”打斗过，为打破原有“一大二公三纯”的思想认识几经斗争。历史每前进一步，都需要破除旧有思想观念的束缚，解放思想、实事求是，按社会发展规律更新观念。而现在城乡二元仍然没有彻底破除，农村思想文化建设仍然大大滞后于城市。目前农村的文化以及文化设施建设远远不能满足村民的精神文化需求。一方面，农村基层文化设施和人员投入不足。另一方面，农村基层干部对农村文化精神生活认识有偏差。有的村干部只重经济建设，不重视农村文化建设，不采取积极措施丰富本村村民的文化生活，农民文化精神生活贫乏，以致有的地方赌博蔓延，村风不正。部分农民缺乏了解国家、社会发展形势的渠道，对党和国家制定的有关政策难以理解，甚至出现抵触情绪，无形之中造成部分农民精神的空虚，引发众多社会问题，造成社会的动荡。这不能不说是计划经济时代遗留下来的文化建设方面的缺憾。而从某种意义上说，社会发展中优质公共文化品供给不足，不能满足人民的精神文化需求，给庸俗、低俗文化产品的产生提供了空间，文化沦落为获取经济利益的工具。广大农村文化市场急需主流价值观发挥作用和影响力。

三、 道德失范的影响

道德是近年来广受热议的字眼，道德问题也已经成为人们关注度很高的话题。这不仅仅是因为全社会对于提升道德水平的热切期望，更是由于一系列道德事件的频频出现，一桩桩不道德行为的发生，不断刺痛着人们的神经、追问着人们的良心。大家不禁要问这个社会道德水准是怎么了？如何才能提振民族精神，激发全社会的正能量，坚守道德家园？从加强社会主义核心价值观建设的角度来说，道德失范对于培育和践行社会主义核心价值观带了诸多负面的影响。

近年来，随着改革开放的深入推进，我国社会道德的主流是好的，涌现出了许多“最美”故事，从“最美妈妈”吴菊萍、“最美老师”张丽莉到“最美司机”吴斌，从日常生活中的普通个体到日益壮大的志愿者服务队伍，无论是领导干部，还是普通群众，都以其无私奉献、勇于担当的道德品质和善行义举的魅力人格给社会文明风尚谱写着新的篇章。但同时也存在着许多失德、败德甚至无德的现象和行为，在现代化进程中，传统的舆论控制失去效力、伦理道德失范存在于社会的方方面面。传统农业社会关于善恶、美丑、荣辱、是非的评判标准变得日益模糊，地方性的伦理、规范逐渐消失。这些不能不引起全社会的关注，从加强社会主义核心价值观建设的角度给予充分的重视。都说榜样的力量是无穷的，在社会主义核心价值观建设过程中，社会上一些特殊群体的道德行为和道德表现，无疑会对整个社会起着表率作用，影响着大多数人的行为价值取向，对于全社会价值观的确立具有根本性的引导意义。这些特殊群体主要包括，领导干部、教育工作者和服务行业的从事人员等。

（一）领导干部政治道德失范

我国历来重视为官者的政治表现，特别是从事政治行为时、处理公事时的道德表现。早在《论语》中就多次提及政治道德在社会中的重要示范作用，如“为政以德，譬如北辰，居其所，而众星共之”，“政者，正也，子帅以正，孰敢不正”，“其身正，不令而行；其身不正，虽令不从”，以及“君子之德风，小人之德草，草上之风，必偃”等等都强调了为官者的道德在全社会的示范引领作用，如果为官者的道德好，整个社会道德风气和道德水准也会相应地提高。

社会主义核心价值观的践行是一个全社会齐心聚力、共同参与完成的系统工程，在这个过程中，领导干部践行社会主义核心价值观的好坏无疑会对整个社会起到表率作用。价值观是人们评价事物之功效、作用和意义的基本观点、标准和态度，它决定着人们行为的价值取向，决定着人们以何种心态去学习、工作和生活，它对于人们的生活具有根本性的引导意义，是主导社会理想、信念、精神风气的内在灵魂。价值观是领导干部行为活动的主要依据，是政治道德建设的核心内容，它以价值标准、价值创造、价值实现为主要内容，对领导干部的行为具有鲜明的导向作用。领导干部一旦形成一定的价值观，就会表现出相应地价值取向和行为。在社会环境急剧变动的现时代，社会出现了前所未有的多元价值观并存的局面。领导干部的价值观也相应地发生了巨大的变化，这种变化既包括与社会发展方向相一致的、符合领导干部内在价值观要求的积极变化，也包括与社会发展方向背道而驰的、违背领导干部内在价值观要求的消极和不良变化。以陷入误区的价值观为指导，无疑会导致领导干部产生失范的社会行为。

在现实生活中，作为社会主义建设者和领导者的领导干部自身的价值观建设并没有完全搞好，一些官员腐败案件屡屡发生，甚至有些省部级的领导干部也被披露出贪污受贿、以权谋私，生活堕落腐化、存在不正当的男女关系等，情节严重、性质恶劣。有数据表明，截至2014年2月，仅党的十八大召开之后落马的省部级高官就有20人。[①] 总结他们违法违纪的主要事实，其具体情节各有不同，但从价值观建设的角度来说，其主要表现也存在某些共同之处，概括起来主要有如下几个方面：

一是道德观念和道德意识不强。主要表现为政治道德观念淡化、道德信仰缺失、道德标准不高、双重道德人格等问题。首先是政治道德观念淡化、道德信仰缺失。有的领导干部对政治道德没有足够的认识，更缺乏坚定的共产主义道德信仰，甚至转而信仰宗教迷信。其次，道德知识贫乏。由于我们对于道德修养和道德教育重视不够，无论组织对干部的管理还是领导干部对自己的要求，都普遍存在着重视能力提高而轻视道德完善的问题。调查显示，某些领导干部对于自己应当遵循的道德原则与规范知之甚少，不仅对于社会主义市场经济的道德要求不能理解，甚至对于为人民服务与集体主义的道德要求理解都不准确、不深刻，这必然导致道德判断标准的混乱与道德行为的失范。第三，道德标准降低。近年来，社会上对领导干部的道德要求标准明显降低。不少群众认为只要领导干部不犯大案就是好干部，领导干部本人也经常以“领导干部也是人”等说法放低对自己的要求，甚至对领导干部包养情妇等问题，也有人认为是小节，无关紧要，甚至以“领导干部也有七情六欲”为由开脱责任。而对于领导干部是否应当做到全心全意为人民服务的问题，很多人则认为没有必要。

---

① 参见《南风窗》，2014年第4期。

领导干部对自己的要求和群众对领导干部的要求与评价，两者相互印证，都表明领导干部道德标准大大降低，没有按照共产党人崇高的道德标准要求干部，价值认知与价值实践严重脱离。第四，道德人格双重化。心口不一、言行不一，对上与对下、对别人与对自己、对熟悉的人与对陌生的人使用不同的道德标准，甚至表现为两种根本不同的道德标准和态度，道德认知与道德实践严重脱离。

二是少数党员干部政德失范现象没有得到有效的防范和纠正。在职业道德方面，官僚主义、形式主义、家长制作风还很普遍；跑官要官、买官卖官现象仍有市场；拉帮结派、亲亲疏疏屡禁不止；权力寻租、贪污受贿无法杜绝。在家庭道德方面，有些领导干部缺乏家庭道德责任感，生活情趣低下，贪图享乐、追求刺激，认为生活作风问题是小事、小节，不少领导干部在美色面前经不住诱惑，成为牺牲品，甚至有人认为婚外情是时尚，刻意寻求权力与美色的交换。在社会公德方面，追求奢华，讲排场、重场面，请客送礼、吃喝玩乐、大手大脚在很多地方已经成为领导干部的通病，认为节俭是寒酸，朴素是无能；重义气忽视原则、重情意不讲制度、甚至不讲法律，成为一些领导干部的处世方式。

三是领导干部道德体系建设的相关机制不健全、不完善。主要表现为：第一，领导干部道德建设工作机制不健全。没有专门的道德教育和道德监督机构，使领导干部思想道德教育和管理总体上处于一种无序、分散、随意状态。第二，道德建设责任机制缺失。至今没有建立和形成领导干部个人道德、家庭道德、职业和岗位道德、部门道德建设的责任体系和机制。第三，道德评价机制不健全。对党员干部的道德评价极为弱化，基本没有形成具有真正意义上的道德评价。没有具有道德建设特点的科学评价体系、没有党员干部自我道德评价、尤其没有来自基层群众和社会的道德评价。第四，道德监督机制缺失。对党员干部的道德状况缺少正当渠道的、必要的外部监督，内部思想道德评价和监督也缺少专项安排和落实。班子成员之间一团和气，避重就轻，相互监督基本缺位，等等。由于党自身的不硬气，导致社会管理的不严格、不理直气壮，进而影响社会生活的各个层面，助长了社会行为的普遍失范。于是，职责、行规、道义、良知，这些本属平常的字眼，竟越来越让人感觉美好而难得，需要千呼万唤才能出来。

这些行为和做法是与广大人民群众的信任和重托、与党的性质和宗旨、与党员领导干部政治道德的基本要求格格不入、背道而驰的。领导干部政治道德失范问题的存在，必然使执政党的政治理想和政治主张受到来自自身的冲击，从而降低其说服力和凝聚力，阻碍社会主义民主政治及法制观念的形成和巩固，影响社会主义核心价值观建设，领导干部的价值失范影响了社会价值的普遍失范。

（二）教育工作者的道德失范

“师者，所以传道授业解惑也。”教育工作者的职责早在唐代就有了如此明确的定位。在中国几千年的灿烂历史中，“师”，总是受人尊敬，被人爱戴的。教师是人类文化得以传承的功臣，是教书育人的精神导师。在现代，也有“人类灵魂的工程师”“辛勤的园丁”“燃烧的蜡烛”等比喻来说明教师职业的甘于奉献、诲人不倦的情怀以及对学生的身心施加特定影响的重要作用。他们既向学生传递人类科学文化知识和技能，又对学生进行思想道德教育，培养他们的审美情趣和道德品质。“为人师表”强调了基于教师职业自身的特点所要求的道德规范，这不仅仅是传授知识，更是教会学生如何做人，如何坚守高尚情操，知荣明耻。因此，教育工作者更要严于律己，以身作则，率先垂范。他们自身的道德水准如何直接影响未来社会建设者的素质，与国家民族的未来和希望，与每一个家庭的幸福安宁息息相关。但是近年来，师德失范事件频繁发生。不论是幼儿园里的虐童事件，还是中小学里的打骂体罚学生、有偿家教，还是高校教授论文抄袭、剽窃等不端行为，都有悖于基本的教师道德规范的要求，在社会上造成很坏的影响。

（三）行业道德缺失

行业道德的缺失表现为部分行业、企业中的商业欺诈现象，假冒伪劣产品层出不穷，丧失起码的道德底线。仅就食品生产加工销售领域来说，近年来食品安全问题一次又一次出现在人们的视线中和舆论中，从毒奶粉、毒大米到人造鸡蛋，从工业酒精勾兑的白酒、工业醋酸勾兑的食用醋，到糖精水和色素勾兑的“葡萄酒”等等，不一而足。我们一日三餐要吃的食品里含有各种各样的激素、色素、防腐剂、漂白剂、催熟剂、甜蜜素……这些名目繁多的化学添加剂和农药的残留直接对人体造成了各种各样的危害，严重地威胁着人们的健康。种种“疯狂”美食的背后暗藏着巨大的经济链条。人们不禁发出“中国人还能吃什么?”的追问，也对整个社会存有极大的不信任感。诚信是一个人思想道德素质最核心的外在表现，是对每个人起码的道德要求，也是对市场经济中所有企业的基本道德要求。出现问题食品时，企业定会受到市场的惩罚。“三聚氰胺”致“三鹿”破产，“瘦肉精”让“双汇”元气大伤，都表明保障安全对企业是何等重要。

现行的干部制度、教育制度、行业管理制度以及规范监督制度，特别是体制方面存在的漏洞，又为道德失范的发生提供了现实可能性。卡尔·波普曾经说过，“人们需要的与其说是好的人，还不如说是好的制度”，“我们渴望得到好的统治者，但是历史的经验向我们表明，我们不可能找到这样的人。正因为这样，设计使甚至坏的统治者也不会造成太大损害的制度是十分重要的”。[①]从总体上看，正是由于在制度建立中没有把制度的集体理性精神贯彻到底，使制度真正体现并反映最大多数人民群众的意志和要求，才出现了上述种种疏漏。制度上的缺陷为社会主义核心价值

---

① 卡尔·波普，《猜想与反驳》，上海译文出版社，1986年版，第549页。

观建设出现问题制造了大量的机会，导致失范现象大面积爆发，而失范现象的大面积爆发又进一步放大了现行制度的缺陷并进而造成现行制度的劣变。劣变的制度在诱导人们的经济行为、政治行为和社会行为背离经济、政治和社会发展的目标方面起到了重要的作用，它对长期的经济效益、政治环境和社会效益均产生了严重的消极影响。

社会主义核心价值观建设离不开科学、公正的社会评价标准，正确的价值评价标准能够指导人们树立正确的价值观，在正确的价值判断上做出正确的价值选择。而错误的价值评价标准只能颠倒是非、搞乱人们的思想，使人们在错误的道路上越走越远。目前，由于我国的社会评价标准模糊、混乱，存在重利轻德的倾向；是非、善恶、美丑界限有所混淆；自我评价与对他人评价标准不一等问题，直接影响到社会主义核心价值观的培育和践行。

首先，社会评价标准存在着重利轻德的倾向。在对事物、现象或人的行为做出评价时，更注重利益性倾向，在危机面前表现出道德的冷漠性。例如对干部的考察，重政绩轻道德，乃至以经济标准、货币标准代替道德标准，只要把经济搞上去了，就是好干部，有些违纪、违规、违德现象也都忽略不计。对企业家的评价，以财富的多少论英雄，各种各样的财富排行榜比比皆是，却缺少对企业、对企业家社会形象的评价，致使一些企业家过分追求物欲，而忽视道德意识和社会责任。对学生的教育，重智轻德、分数至上，往往使学生产生焦虑情绪、挫折感、人格障碍等。评价标准的失衡，往往导致高尚的行为得不到社会的褒奖，不道德的行为也没有受到应有的谴责和惩罚。一些见义勇为的人和事得不到好的回报，使得社会上人与人之间情感冷漠、爱心缺乏。

其次，道德评价标准混乱，善恶、美丑、是非的界限有所混淆。由于评价主体的多元性、评价客体的多样性以及价值创造活动的丰富性，使得价值评价标准呈现出多元化、多样性的特点，这是客观现实也是历史发展的趋势。当下中国，价值观念出现了多元化、世俗化的倾向，价值评价标准也存在异常、倒错的问题。最严重的是是非颠倒，善恶不辨，美丑不清，价值观评价标准混乱。传统的、现代的、舶来的，都成了可根据自己的利益、觉悟、需要而自由选择的菜单，致使合理有效的规范机制难以形成，弘扬什么、提倡什么、鞭挞什么、贬低什么在某些方面缺乏应有的共识。

第三，自我评价与对他人评价双重标准。自我评价是个体对自身的价值判断，是个人自我意识的组成部分。一般而言，自我评价是在与他人交往过程中产生的，因此，也往往伴生出对于他人的评价。在现实生活中，往往是自我评价过高，与他人评价不一致。指责别人多，反思自己少；要求别人多，要求自己少，道德人格分裂，言行不一。现代社会很少有人能够反躬自省，体察自身言行中的善恶，更不要说自我批评，自省、自警、自励。漠视价值主体的自我评价，淡化道德自律，必然导致自我道德约束弱化，道德环境恶化。

四、思想教育的缺位

2013 年 4 月，复旦大学医学院2010级硕士研究生黄洋中毒身亡，而涉嫌投毒的犯罪嫌疑人恰恰是被害人室友林森浩。名校、投毒，这两个元素组合起来的案件新闻迅速引发全社会关注。2014 年 2 月 18 日上海市第二中级人民法院公开庭审，一审判决林森浩故意杀人罪成立，判处死刑，剥夺政治权利终身。这样一件引起广泛社会关注的案件，虽说不具有普遍性，但其中折射出的问题却长久地引发人们的思考，其中的核心问题就是思想教育的缺位问题。另外，一项对全球 21 个国家的调查显示，中国孩子的计算能力排名第一，想象力倒数第一，创造力倒数第五。①

---

① 中共中央宣传部理论局，《辩证看务实办》，学习出版社、人民出版社，2012 年版，第 49 页。

这是应试教育的忧患，也是教育现状的真实写照，但同时也在一般意义上突显了当前整个教育领域存在的问题。在建设社会主义核心价值观的过程中，思想教育的缺位会导致人们价值判断失衡，价值行为失规，从而造成一系列严重的后果。

社会主义核心价值观的教育和培养是一个长期的过程，道德教化的养成、道德失范的治理，基础性的工作全在教育。长期以来，思想教育一直是我国的价值观建设的重要方式和主要手段，通过价值教化培育个人形成正确的价值观，从而推进全社会的核心价值观的建设。改革开放三十多年来，针对文明礼貌、社会新风的思想教育从来没有停顿过，但由于社会环境的巨大变化，思想教育的对象、条件都发生了变化。就现实的状况来看，用老套路、旧办法进行的思想教育已经越来越不适应时代的要求，其针对性、实效性都很难保证，思想教育从形式到内容，再到最终效果都呈现出弱化的趋势，难以取得预期的效果，直接影响到社会主义核心价值观的培育和践行。

思想教育必须从娃娃抓起，“十年树木，百年树人”，在孩子心中种下什么样的道德种子，就会开出什么样的道德之花，结什么样的道德之果。从现实情况看，自从计划生育政策实施，当今的青少年尤其是城镇家庭的青少年，大多是独生子女，从一生下来就被父母长辈小心呵护着，用心娇宠着，久而久之，便形成了一切以自我为中心的思想状态。针对这样一个特殊群体的思想教育就显得尤为重要。而现实当中，不管是学校还是家庭，思想教育往往被置于文化课之后，成为可有可无的装饰品。纵观全社会，普遍存在着对于思想教育重视不足的问题，成年人中因为缺乏基本的道德养成教育，也不乏道德失范行为的发生。而部分领导干部往往是从不重视世界观人生观价值观的改造和学习，开始走上违法犯罪、堕落腐化的道路。思想教育一直被高度重视，但是教育的实际效果却不尽理想，概括起来思想教育方面存在的问题主要有：

首先，思想教育方式方法的单调单一，使得价值教育的内容不能充分体现社会主义核心价值观的丰富内涵。我们往往把思想教育等同于政治教育，过分强调教育内容的先进性，脱离经济社会发展实际，拔高思想教育的水平，致使价值教育的内容神圣化，树立起来的道德模范和典型充满了远离普通人日常生活的“高大全”色彩，近乎于圣人一样的人格使人们只能“远观”而不能“近学”。其实，思想教育有其自身的规律，有丰富的内容，可以采取灵活多样的手段来展开，这样才能取得预期的实际效果。另外，思想教育往往过分强调极具浓厚政治色彩的社会价值，更多地强调爱国主义、集体主义、共产主义、艰苦奋斗以及见义勇为等高层次道德观念，忽视了日常生活中个体价值的实现，忽视作为社会成员的公民的基本道德准则教育，让人深感教育内容的宏大和空洞。在社会教育中，思想教育更多地依赖人们的自我道德教育与修养，不论是社区、单位或是农村，思想教育缺少场所、时间、制度、规划等依托，基本上可以说是空场。

在思想教育形式上，仍然采用传统的集中学习、宣传教育、说教灌输的方式。不是办讲座就是听报告、看电影，思想教育方式方法太过单一，不能体现思想教育内容的丰富性，不能反映随时代变迁而发生变化的价值理念，不能涵盖现实社会生活的价值真谛，容易使人产生迷茫和困惑，影响了思想教育的效果。拿青少年思想教育来说，在家庭教育中，父母更关注孩子的学习成绩，而忽视对孩子世界观人生观价值观的培养；更注重孩子的学习能力，而忽视孩子的价值认知与价值评价能力的提高。在学校教育中，过于重视理论和知识的讲授，而忽视学生道德判断与选择能力的提高，忽视学生道德品质的养成，更没有将价值理念贯穿到学生的价值实践中去。

党在领导革命、建设和改革的过程中形成了一套曾经行之有效、相对固定的思想教育方式和方法，主要以集中学习、正面宣传教育和说教灌输为主体。这种思想教育方式和方法，曾经在培养民族精神和树立马克思主义价值观、占领思想文化阵地等方面发挥过重要作用。但是，随着时代的发展和受众群体的思想多元化趋势的出现，仅用这种传统的灌输式的思想教育方式，已经不能很好地满足需求。

相对于自我教育、寓教于乐等思想教育的方法来说，灌输有其自身的特点和局限性：一是单向性。它是运用说教的形式，从外部向受教育者传播教育者的教育意图，使受教育者的思想观念发生转变。正是由于没有处理好思想教育主客体的关系，只把教育者看成是能动的主体，而把受教育者则看成是被动的客体强行加以改变，这种单向性，就使得部分人从情感上难于接受，甚至是表现出反感。二是普遍性。灌输不仅作为一种方法独立存在，它还渗透、贯穿于其他的教育方法之中，由于这一方法的普遍存在，说教就成了价值教育的主要模式，这难免造成思想教育的被动局面。由于灌输过程中忽视了思想性与娱乐性的结合，直接影响到思想教育的实际效果。寓教于乐，特别要发挥教育主体的积极性和主动性，将灌输教育与自我教育结合起来，将灌输与疏导结合起来，多种方法综合运用到思想教育的过程中去。广开言路，让大家敞开思想，把各自的观点和意见充分发表出来，把对现实问题的疑惑和迷惘加以疏导，把各种不同的思想引向正确、健康的轨道，实现思想教育形式的创新。

其次，从思想教育的途径上来看，在家庭教育中，父母更关注孩子的学习成绩，而忽视对孩子道德品质的培养；注重孩子的学习能力的提高，而忽视孩子的道德认识与道德评价能力的提高；即使父母有对孩子进行道德教育的目的，也仅仅是凭借自己对道德的理解与认识，根据自己的道德经验对孩子进行教育，从而带有更多的主观随意性，缺少科学性与针对性。在学校教育中，虽然在理论上、在口头上我们重视对学生的道德教育，但这种重视没有真正体现在学校的工作中，也没有体现在学生的道德实践中。学生和教师都会认为《品德》课是副科，没有给予足够的重视；而《品德》课本身，也过于重视理论的讲授，而忽视学生道德判断与实践能力的提高，忽视学生道德品质的养成。在社会教育中，道德教育更是放任自流，更多地依赖人们的自我道德教育与修养。

第三，从价值教育的对象上看，我们相对更重视对未成年人的道德教育，而忽视对成年人的道德教育，教育对象未能实现全覆盖。成年人更多关注自己的事业与成就，关注自我价值的实现，而忽视自我道德品质的进步与完善。其实，每个成年人既是教育者也是受教育者，道德的进步与完善伴随着人的一生，每个成年人都应当树立终身学习的观念，人生的每一阶段甚至是生活的每一时刻都不能放弃道德的修养与进步，否则的话，也不能很好地完成教育未成年人的任务。

第四，思想教育内容的倒置，不能按照思想教育的规律进行教育。对于幼儿园的小朋友，教育的内容是爱党、爱祖国、爱人民；对于成年人却反过来教育他们不要随地吐痰、乱丢果皮纸屑，要排队。这是教育内容和教育顺序的完全颠倒，也是教育与实际的脱节。一方面大力宣传爱国主义，一方面又对贬低爱国热情和爱国将士的言论充耳不闻；一方面教育孩子们要树立共产主义远大理想，而有些领导干部自己却不相信共产主义；一方面教育孩子们要讲文明树新风，一方面自己却不讲文明，行路不遵守交通规则，口出恶言。思想教育的实际效果如不提高，就不能真正体现社会主义核心价值观教育的实质。

就社会主义核心价值观践行的个体而言，在道德思维方面的三个问题是引发群体践行出现问题的原因。一是道德认识混乱。对于个体来说，道德认识是道德行为的起点，只有在正确的道德认识的基础上才能做出正确的道德选择和道德评价，错误的道德观念只能使人们在道德选择中做出错误的选择，在道德评价中依据不正确的道德标准做出不合理的道德评价。胡锦涛总书记倡导的“八荣八耻”在全国范围内迅速引起强烈反映，这本身就体现出它契合了中国人民心理深处的道德需要，同时也说明在目前的现实生活中还存在许多是非不明、荣辱不清、善恶不辩的社会现象。现实生活中，许多人的道德认识存在着误区，有着错误的道德观念。这是现实生活中道德失范和道德评价混乱普遍存在的重要认识根源。

二是道德情感冷漠。英国哲学家休谟曾说，道德起源于人们的同情之心。“人性中任何性质在它的本身和它的结果两方面都最为引人注目的，就是我们所有的同情别人的那种倾向”。[①] 他用联想的方法解释同情心，当人们看到他人的喜悦和痛苦时，就会联想到自己遇到他人处境时表现出的情绪。同情是对他人苦难的关切，由此产生爱心和道德行为。人对他人的善来自人天然的同情心和爱心，是人的本性中自然地指向他人和自己的幸福并对自己和他人有用的性质，并引导人弃恶从善。孟子也说人性之中的恻隐之心是仁之端，可见，道德情感对人的道德行为有重要作用，可以说是推动人们选择善的重要力量。然而，现实生活中人们在许多时候表现出现的是一种道德情感的冷漠。面对别人的苦难，不再伸出热情之手，而是视而不见，漠然处之。然而，失却了道德情感，就失却了向善的动力。情感来自于交流，而农村的家庭联产承包责任制度、城市的机器化大生产侵占了人们在工作中的交流机会，电视与电脑侵占了人们在生活中的交流机会，使我们渐渐地步入了陌生人社会。人机对话在一定的程度上侵蚀了人与人的对话与交流；人与人的情感的交流与表达方式也正在发生一些显著的变化，情感的冷漠是其中一种表现。从个体道德的角度来看，情感的冷漠大大削弱了个体道德的情感基础，使个体道德失去了进步的动力。在我们的调查中，有一个显著的问题就是，人们在理论上或者说是认知上理解并接受的道德规范并不能得到很好的践行，造成行为与认知的背离，知与行的矛盾。其中一个重要原因就在于人们道德情感的冷漠，使人们失去了践行自己认可的道德规范的情感力量。

三是道德信念动摇。道德信念动摇是道德认识混乱、道德情感冷漠的必然逻辑结果。古语说的好，“立乎其大，小者不能夺也”。之所以有许多人在物质利益、美色、名誉、成就、职位等

---

① 休谟，《人性论》，商务印书馆，1980年版，第352页。

诱惑面前，放弃道德准则的约束，就是因为在自己心中没有立起道德信念，所以，“小”者才能夺之。生活的经验也可以证明这一点，大凡道德模范人物，心中必定有坚定的道德信念。正是因为在生活中我们有太多的欲望，面对着太多的诱惑，才更有必要谈坚定道德信念的问题，才更有必要让道德信念来辖制自己的“本我”，这样才能享受真正的幸福与快乐，才能成为生活的主人。否则，放任自己的欲望，就会沦为道德相对主义者，甚至是道德虚无主义者，必然会使自己的行为扭曲。当然，我们不是犬儒主义者，我们不反对享受生活，而是反对无节制地不适宜地享受生活；我们也不笼统地反对人们对物质利益的追求，而是反对对不当利益的追求以及用不道德手段对正当利益的追求。如何区分生活中的“当”与“不当”？这就需要在自己的心中确立一定的道德准则，确立自己的道德信念。它是人们心中的标尺，是定盘星，是分水岭。有了它，人们就有了“慧眼”，就能明是非、知耻辱、辨善恶，就能自觉遵守道德规范，就能对社会道德现象给予科学的评价，就能守善，就能抑恶。信念是人们精神的依托，任何人都会有自己的信念，任何一个头脑都不是信念的“真空”，因为人们无法忍受“灵魂”出窍的生活。道德信念也是如此，许多人头脑中的道德信念不是社会主义道德信念，而是享乐主义信念、拜金主义信念、个人主义信念甚至是道德相对主义及道德虚无主义信念等等；道德信念呈现多样化的态势，在这些道德信念的指导下必然形成对社会主义道德规范的违背以及对社会主义道德评价的背离，从而导致社会主义道德规范的失效及道德评价的混乱无序。问题的关键就在于，我们面对现实生活中人们道德信念多样化的态势，要通过道德讨论与道德教育，让人们辨别其中的先进与落后、科学与愚昧；要让人们充分认识到社会主义道德信念的先进性、科学性、时代性与实践性，从而确立社会主义道德信念。

五、 宣传方式的滞后

多年来，我们牢牢掌握着报刊、广播、电视等传统的新闻媒体，在宣传党的路线、方针和政策，把握正确的舆论导向，弘扬主旋律等方面，积累了丰富的经验。现在世界已经进入了信息化时代，社会舆论的影响也越来越大。我们党和政府也非常重视社会舆论的作用，也加大了社会舆论对党和政府各项工作的宣传和监督力度。

但是当前全球化飞速发展的趋势主要借助了科技的进步特别是通讯技术的飞速发展，互联网的兴旺与普及使得信息传输变得快捷和方便，新兴传媒手段每时每刻都在把世界各地的文化信息传播到世界的每一个角落，从多方面对人们的思想产生影响，促使着人们价值观念的转变。传统媒体的受众是被动的接受者，而互联网则扩大了受众接受信息的自主权，拓展了受众发布信息的能力。任何一个网民都可以通过网络获得第一手材料，同时还可以发表议论，实际上每个网络用户都成了一个新闻发布员和评论员。由于网民多匿名在线交往，因此，不同国籍、不同地域、不同意识形态以及不同年龄、不同经历的人在网上的交流相当复杂，这就给舆论导向的调控带来了很大困难。

与此同时，西方一些人在不断鼓吹“民主人权全球趋同”论，特别是一些西方国家打着保护人权的旗号，利用信息网络化带来的便捷渠道来宣扬和传播其价值观念，向全世界兜售其思想文化体系。另外还有一些人持全球思想文化趋同化的论调，把世界各地文化内容和信息的日益趋同当成全球文化形成的肇始，企图用某种强势大众文化来取代全球思想文化的多样性。这些新的趋势都伴随着互联网的飞速发展，对马克思主义在我国意识形态领域的指导地位形成了冲击，影响和分解着党在思想文化领域的影响力、号召力和凝聚力。很显然，信息网络化带来的人们价值观念的演变及群众理性思维的活跃，都给社会主义核心价值观建设提出了新的更高要求。

社会发展、科技进步使大众传媒被人们广泛接受，其信息传递时效性不断加强，影响范围日益扩大。除了书籍、报刊、杂志等传播媒体，电脑、家庭影院等也进入普通群众的家。传播媒体以多元化的方式将有悖于传统价值观念、道德规范的现代错误理念展现在人们面前，群众极易受这些不良信息的影响，甚至被腐蚀。因此，传播媒体的多元化及其错误诱导对人们之间的交往产生了巨大破坏作用。

大众传媒如网络、舆论导向的偏颇，对人们的价值选择产生误导，而低俗庸俗媚俗文化的流行也增加了群众审美的难度。主流宣传往往采取固守阵地的做法，思想观念僵化、内容虚化、表现形式居高临下，发展方式上存在权力化的自残现象。面对文化传播渠道多样化和个性化的文化消费趋势，主流文化宣传显得力不从心，难以应对，有被逐渐边缘化的危机。主流文化宣传边缘化反映了改革开放以来我国主流价值观传播面临的挑战，以经济建设为中心的社会发展观和功利主义的社会价值观，本来是社会发展和进步所采用的策略和工具，如今却变成了目标，物质追求成了人们的第一追求。当社会价值观发生扭曲的时候，主流文化“不吸引人”，高雅文化大众消费不起，甚至有些主流文化也开始被“三俗”风所控制，发挥不了正确的价值引导作用。主流文化难以吸引大众，其主要原因就在于宣教太多，缺乏现实关怀，对社会现实问题关注不够，表现形式不够贴近民生。在大众文化娱乐化的裹挟之下，主流价值观引导乏力，影响力弱化，难以招架低俗文化的冲击。通俗文化的流行，折射出主流文化宣传的价值缺失和价值评判力的弱化。文化失序现象的泛滥表明主流文化难以招架乱象丛生的低俗文化的冲击，主流文化的无力使其在多元文化思潮博弈中难以实现对文化失序的纠偏和遏制，主流文化的某种自说自话、价值的空洞化，使得正面价值难以实现人群的全覆盖。在消费层面拥有强势话语权的大众文化除了力挺文化消费的多元化之外，还引导着大众对感官娱乐的平面化价值的追逐。因此，主流文化要以敏锐的洞察力，以文化的形式把价值观植入日常生活、深入人心，使之成为生活中的自觉选择。

由于一些大众传媒对价值观念、道德现象的宣传不力，不切实际、不加褒贬地宣传形形色色的社会现象，社会价值标准导向弱化，社会舆论监督软弱无力。近年来，由于一些大众传媒对价值观念、道德现象宣传不力，不切实际、不加褒贬地宣传形形色色的社会现象，或是干脆回避道德问题，在倡导什么、贬斥什么的问题上没有鲜明的立场，致使社会导向模糊、混乱，社会性的道德评价没有发挥其应有的效力。舆论监督的软弱无力，使人们对社会性的道德评价日益麻木、不予重视，主导性、社会性道德评价没有深入人心。在对广大党员干部的党风廉政建设方面的监督和宣传方面，对一些党员干部的贪污腐败、渎职等负面消息的报道力度很大，但是对那些全心全意为人民办事的清正廉明的党员干部正面宣传则显得相对较少。这就容易给广大党员干部造成了很大的负面影响，降低了他们在群众中的威信，以致在群众中造成了一种错觉：提起领导干部就会与贪污腐败联系在一起。这样，不仅损害了干部在群众中的形象，也给各级领导干部造成了很大的思想压力和工作难度。少一点先入为主的思维方式和哗众取宠的功利目的，才会多一些实事求是的真相。

由于我国当前社会舆论以及受众心理的复杂性，致使媒体舆论导向在一定程度上出现异化。媒体在新闻题材上，倾向选择负面内容，而对一些正面题材却很少涉及。大众传媒中的正面形象单一苍白，负面形象却五花八门。在编辑上采用耸人听闻的标题和夸张的数字，以便制造轰动效应。媒体缺乏严肃态度，有些报道缺乏精确调查，为了满足受众的猎奇心理，将个别人的问题放大成为群体行为，耸人听闻地将个别现象变成社会普遍现象。媒体片面选材、缺乏深度剖析和客观积极评价的报道行为在新闻传播的过程中起了不良作用。德弗勒指出，受“大数法则”支配，媒介有媚俗的取宠倾向。巨大的经济压力使媒介以吸引受众为目的，大量倾销那些所谓适合大多数消费者口味的“大众文化”，满足其感官刺激和离奇感受，走新闻娱乐化的道路，希望由此来征服市场，却造成了媒介文化趣味的低下。正如传播学中的“社会责任论”所强调的，自由是伴随着义务的，享有某种特权的新闻媒介应该对社会承担相应的责任和义务。新闻媒体应当真实、全面地报道新闻，但某些新闻媒体急功近利，不顾新闻的真实性，歪曲事件的本来面目，影响了公信力。思想上的东西、精神上的东西，不是通过行政命令、行政手段能够达到预期效果的，只有通过喜闻乐见的形式才能自然而然地为人们所接受，才能使人们潜移默化地领悟到所追求的精神境界。我们应当探索更多群众喜闻乐见的宣传方式，充分发挥公益广告的作用，善于运用手机短信、社交网络、微博微信等平台，运用连环画、动漫、微电影等手法，进行形象化、故事化的表达，进一步增强舆论宣传的吸引力和感染力。

第五章 培育和践行社会主义核心价值观的有效途径

社会主义核心价值观内容丰富，意义重大，思想深邃广阔，概括简明扼要。它一方面契合了中国特色社会主义的发展要求，另一方面又承接了中华优秀传统文化和人类文明的优秀成果。这简短的24个字，不仅为我们培育和践行社会主义核心价值观指明了方向，同时，又使我们明确了进一步挖掘和提炼社会主义核心价值观的基本方法与原则。当今中国，培育和践行社会主义核心价值观，是一个重要的时代课题。探索培育和践行社会主义核心价值观的有效途径，是全国人民的一项重要任务。

一、坚持正确的指导思想和原则

培育和践行社会主义核心价值观，必须坚持正确的指导思想和原则。离开了正确的指导思想和原则，就会使社会主义核心价值观流于形式，使我们的培育和践行变得缺乏目的，失去意义。那么，如何才能在培育和践行社会主义核心价值观过程中坚持正确的指导思想和原则呢？可以从以下几个方面着手：

（一）培育和践行社会主义核心价值观的指导思想

2013年12月23日，中共中央办公厅印发《关于培育和践行社会主义核心价值观的意见》。《意见》中指出："培育和践行社会主义核心价值观的指导思想是：高举中国特色社会主义伟大旗帜，以邓小平理论、'三个代表'重要思想、科学发展观为指导，深入学习贯彻党的十八大精神和习近平同志系列讲话精神，紧紧围绕坚持和发展中国特色社会主义这一主题，紧紧围绕实现中华民族伟大复兴中国梦这一目标，紧紧围绕‘三个倡导’这一基本内容，注重宣传教育、示范引领、实践养成相统一，注重政策保障、制度规范、法律约束相衔接，使社会主义核心价值观融入人们生产生活和精神世界，激励全体人民为夺取中国特色社会主义新胜利而不懈奋斗。”①

中国特色社会主义伟大旗帜，是当代中国发展进步的旗帜，是全党全国各族人民团结奋斗的旗帜。高举中国特色社会主义伟大旗帜，最根本的就是要坚持中国特色社会主义道路和中国特色社会主义理论体系。

中国特色社会主义道路，就是在中国共产党领导下，立足基本国情，以经济建设为中心，坚持四项基本原则，坚持改革开放，解放和发展社会生产力，巩固和完善社会主义制度，建设富强、民主、文明、和谐的社会主义现代化国家。在当代中国，坚持中国特色社会主义道路，就是真正坚持社会主义。只有走中国特色社会主义道路才最合乎国情世情、顺乎党心民心，才能激发亿万人民的发展热情和创造活力，才能使我国进一步实现民族振兴、国家富强、人民幸福、社会和谐。实践是检验真理的唯一标准。我国改革开放和社会主义现代化建设能够取得举世瞩目的成就，根本原因就在于我们党带领人民开辟了中国特色社会主义道路，在于我们既坚持了科学社会主义的基本原则，又根据我国实际和时代特征赋予其鲜明的中国特色。社会主义核心价值观，源自于中国特色社会主义伟大实践，是中国人民伟大实践的结晶。坚持中国特色社会主义道路，也是进一步坚持以实践来检验和发展社会主义核心价值观的必由之路。

中国特色社会主义理论体系，就是包括邓小平理论、“三个代表”重要思想以及科学发展观等重大战略思想在内的科学理论

---

① 《关于培育和践行社会主义核心价值观的意见》，人民出版社，2013年版，第5页。

体系。这个理论体系，坚持和发展了马克思列宁主义、毛泽东思想，凝结了几代中国共产党人带领人民不懈探索实践的智慧和心血，是马克思主义中国化最新成果，是党最宝贵的政治和精神财富，是全国各族人民团结奋斗的共同思想基础。中国特色社会主义理论体系是不断发展的开放的理论体系，《共产党宣言》发表一百六十多年以来的实践证明，马克思主义只有与本国国情相结合、与时代发展同进步、与人民群众共命运，才能焕发出强大的生命力、创造力、感召力。在当代中国，坚持中国特色社会主义理论体系，就是真正坚持马克思主义。社会主义核心价值观，是以马克思主义为指导的、结合当代中国发展实际而提出的科学价值观，是对社会主义核心价值体系的进一步发展。只有坚持马克思主义的指导思想，才能进一步增强培育和践行社会主义核心价值观的坚定性和自觉性。

中国特色社会主义伟大旗帜的重要论述，鲜明地回答了当代中国走什么路、举什么旗的根本问题。旗帜就是方向。我国建设和改革正处在新的发展阶段，面临着前所未有的机遇，更面对着前所未有的挑战，既有许多有利条件，也有不少不利因素。能不能坚定不移地高举中国特色社会主义伟大旗帜，关系到能不能实现全面建设小康社会的宏伟目标，关系到国家和民族的前途命运。培育和践行社会主义核心价值观，是当今建设中国特色社会主义的重要实践，在这一实践中高举中国特色社会主义伟大旗帜，坚持走中国特色社会主义道路，坚持以马克思主义为指导思想至关重要，意义重大。

2012 年 11 月 29 日，习近平总书记在参观《复兴之路》展览时指出："实现中华民族伟大复兴，就是中华民族近代以来最伟大的梦想。"习近平总书记的讲话，"是对中国梦这一时代命题的深刻解读，既充满着厚重的历史底蕴，又洋溢着豪迈的中国自信，是向全国人民做出的庄严承诺，为团结凝聚中国人民创造美好未来指明了前进方向"。社会主义核心价值观，与实现中华民族伟大复兴中国梦相呼应，相融合。"培育和践行社会主义核心价值观，要与学习领会习近平总书记重要讲话结合起来，用实干托起‘中国梦’，把美好蓝图变为现实”。[①] 想要实现“中国梦”，首先必须增强我们的综合国力。一个国家是否拥有先进的生产力，是否具有较高的发展水平，是否能够满足人民群众日益增长的物质文化需求，都能从综合国力中得以显现。从经济发展水平上看，我国的经济总量多年前就已跃居世界第二位，但我们现在处于并将长期处于社会主义初级阶段的基本国情没有变，这样的现实状况决定了我们的经济科技仍将长期面临西方发达国家占优势的压力。在这样的形势下，党的十八大报告指出了我们今后的发展目标：到 2020 年国内生产总值和城乡居民人均收入比 2010 年翻一番，确保实现全面建设小康社会的宏伟蓝图；全面深化重大领域改革，破除妨碍科学技术发展的桎梏，构建完善的科学研究制度体系；加快完善社会主义市场经济体制，推进社会主义政治民主化，完善社会保障体系，加快建立生态文明制度，建成资源节约型、环境友好型社会等。实现中华民族伟大复兴的中国梦想，指引着我们不断为实现这些目标而不懈努力。培育和践行社会主义核心价值观，就是要在这些现阶段具体目标的基础上进行，将社会主义核心价值观融入实现目标的过程，用中国梦的具体目标保证社会主义核心价值观渗透进人民群众的心里。只要我们秉承理想，团结一致，就一定能在新世纪的第二个十年里复兴中华民族，实现伟大中国梦。

一个国家的强盛，离不开精神的支撑；一个民族的进步，有赖于文明的成长。精神文明力量作为凝聚民族团结的基础，体现了一个国家的民族向心力。当代中国在全面深化改革、全面建成小康社会的伟大进程中，具备什么样的精神才能团结一心、众志成城、凝聚力量、攻坚克难？“倡导富强、民主、文明、和谐，倡导自由、平等、公正、法治，倡导爱国、敬业、诚信、友善，

---

① 李正平，《努力实现中华民族伟大复兴的“中国梦”》，《宁波日报》，2013 年 1 月 29 日。

积极培育和践行社会主义核心价值观”。党的十八大从国家、社会和个人三个层面概括了社会主义核心价值观的价值目标、价值取向和价值准则。这三个“倡导”，不是人民群众的精神乌托邦，而是一个为人民群众所期待的、建立在国家现实基础上的科学的精神家园。

十七届六中全会通过的《中共中央关于深化文化体制改革，推动社会主义文化大发展大繁荣若干重大问题的决定》中指出：物质贫穷当然不是社会主义，精神空虚更不是社会主义。当中国人民摆脱了对温饱问题的需求，精神生活便成为了社会的主角。当下人民群众对精神信仰、伦理道德、社会风尚的关注更甚以往，对主流价值和共同信念的归属感尤为强烈。“小悦悦”的悲剧，掀起了世人对中华民族传统伦理道德的轩然大波；社会对“公开、公平、公正”的呼唤一再成为舆论焦点，反映了群众对正义理念的不懈追求；经济、政治、文化、社会、生态文明“五位一体”的国家建设理念，体现了为公民营造踏实的幸福感、让国家铸就更强实力的理想和追求。失去了灵魂，人就变成了行尸走肉；失去了精神，国家就变成了抽象的空壳。“身体和灵魂总有一个要在路上”，这条路是追求共同价值理想的长路。培育和践行社会主义核心价值观，恰恰成为这条长路上的一盏明灯。

历史一次次地证明，一个国家和民族的精神空虚远远比物质匮乏更加可怕。在鲁迅先生的笔下，即使看似身强力壮的中国人，也因麻木不仁而变成一副躯壳。没有了理想信仰，人民就失去了生活的支柱，国家就失去了战斗的勇气；丧失了主流价值，就没有了约定俗成的价值准则，丢掉了道德伦理的人文约束。这个时候的国家社会难免金玉其外，败絮其中。中华民族从近代以来追求的社会理想，渴望的精神家园，在社会主义核心价值观中再次清晰地显现出来。人民有信仰，国家才有力量，培育和践行社会主义核心价值观对形成全社会共同价值追求，树立中国特色社会主义共同理想，实现伟大复兴中国梦具有重要意义。

（二）培育和践行社会主义核心价值观的原则

中共中央《关于培育和践行社会主义核心价值观的意见》指出："培育和践行社会主义核心价值观要坚持以下原则：坚持以人为本，尊重群众主体地位，关注人们利益诉求和价值愿望，促进人的全面发展；坚持以理想信念为核心，抓住世界观、人生观、价值观这个总开关，在全社会牢固树立中国特色社会主义共同理想，着力铸牢人们的精神支柱；坚持联系实际，区分层次和对象，加强分类指导，找准与人们思想的共鸣点、与群众利益的交汇点，做到贴近性、对象化、接地气；坚持改进创新，善于运用群众喜闻乐见的方式，搭建群众便于参与的平台，开辟群众乐于参与的渠道，积极推进理念创新、手段创新和基层工作创新，增强工作的吸引力感染力。"①

胡锦涛在2003年7月28日的会议讲话中提出，"坚持以人为本，树立全面、协调、可持续的发展观，促进经济社会和人的全面发展"，按照"统筹城乡发展、统筹区域发展、统筹经济社会发展、统筹人与自然和谐发展、统筹国内发展和对外开放"的要求推进各项事业的改革和发展。这是对科学发展观最早的阐释，并且在中国共产党第十七次全国代表大会上写入党章，成为中国共产党的指导思想之一。以人为本是科学发展观的核心，是中国共产党人坚持群众观点和群众路线的党的根本宗旨的体现。"坚持以人为本"，"促进人的全面发展"，是中国共产党十六届三中全会《决定》提出的一个新要求。社会主义核心价值观是衡量人的全面发展的重要尺度，实现人的全面发展也是社会主义核心价值观的最终目标。只有坚持以人为本，才能为培育和践行社会主义核心价值观指明正确的方向。

在我国古代最早提出"以人为本"思想的是春秋时期齐国名

---

① 《关于培育和践行社会主义核心价值观的意见》，人民出版社，2013年版，第5页。

相管仲。在西汉刘向编纂的《管子》一书“霸言”篇中，记述了管仲对齐桓公陈述霸王之业的言论：“夫霸王之所始也，以人为本。本理则国固，本乱则国危。”① 意思是说，想要为称霸诸侯的事业建立良好的开端，是要以人民为根本的；这个本理顺了国家才能巩固，这个本搞乱了国家会濒临危亡。管仲所说的以人为本，就是以“人民”为本。改革开放以来，我们终强调把发展社会主义生产力作为“三个有利于”的首要标准，作为社会主义社会的根本任务。科学发展观并不否认经济发展、GDP 增长，它强调经济发展、GDP 增长，归根到底都是为了满足广大人民群众的物质文化需要，保证人的全面发展。历史唯物主义认为，人民群众是历史的主人。毛泽东也指出：“人民，只有人民，才是创造世界历史的动力。”人是发展的根本目的。提出以人为本的科学发展观，目的是以人的发展统领经济、社会发展，使经济、社会发展的结果与我们党的性质和宗旨相一致，使发展的结果与发展的目标相统一。在培育和践行社会主义核心价值观过程中坚持以人为本，就是要以实现人的全面发展为目标，从人民群众的根本利益出发谋发展、促发展，不断满足人民群众日益增长的物质文化需要，切实保障人民群众的经济、政治和文化权益，让发展的成果惠及全体人民。这是培育和践行社会主义核心价值观的根本保障。

我们前面说，一个国家和民族，贫弱落后固然可怕，但更可怕的是精神空虚。“坚持以理想信念为核心，抓住世界观、人生观、价值观这个总开关，在全社会牢固树立中国特色社会主义共同理想，着力铸牢人们的精神支柱”成为新时代丰富精神世界、巩固精神支柱的原则。“思想是行动的先导”，世界观、人生观和价值观决定着一个人的人生追求和人生道路，决定着一个人的思想境界、道德情操和行为准则，是人们思想的总开关。社会主义核心价值观的培育和践行成功与否，取决于这“三观”是否正

① 《管子》，商务印书馆“万有文库”，1936 年版，第二册，第 8 页。

确，是否科学。只有树立正确的世界观、人生观、价值观，才能坚定中国特色社会主义的理想信念。

20世纪80年代末到90年代初，东欧剧变、前苏联解体引起了世界轰动。东欧各个社会主义国家的政治经济制度发生了根本性的改变，斯大林模式的社会主义制度最终倒在西方欧美资本主义制度的和平演变之下。这两次社会主义的挫折，致使无数人失去了对社会主义和共产主义的信心，曾经的踌躇满志被悲观失望、堕落蜕化所笼罩。辩证唯物主义世界观告诉我们两个必然：资本主义必然灭亡，社会主义必然胜利。如果被资本主义暂时的“得逞”所迷惑，就再也看不到社会主义将最终胜利的光明前途。当代世界国际风云变幻莫测，社会主义的深化改革又使各种社会矛盾相互重叠、集中呈现，人们思想活动表现出的独立性、选择性、多变性、差异性等明显增强，思想道德领域出现了一些不容忽视的现象。只有牢固树立中国特色社会主义共同理想，才能坚定中华民族伟大复兴和中国梦实现的信念，才能使社会主义核心价值观成为时代风尚。

培育和践行社会主义核心价值观要“坚持联系实际，区分层次和对象，加强分类指导，找准与人们思想的共鸣点、与群众利益的交汇点，做到贴近性、对象化、接地气”。《昭明文选》中，《对楚王问》记载了这样一则故事：战国时代，楚襄王曾经问辞赋家宋玉说：“（你觉得自己优秀）那为什么世人百姓却不称誉你呢?”宋玉回答道：“有个客人曾经在城里放声高歌，起初唱《下里巴人》，都城里跟着他唱的有千人之多；后来唱《阳阿》《薤（xiè）露》，都城里跟着他唱的减到几百人；等唱到《阳春》《白雪》的时候，都城里跟着他唱的不过几十人；最后商声、羽声、徵（zhǐ）声共同运用，曲调如行云流水缥缈流动时，都城里跟着他应和的就没有几人了。所以说，曲调高深优雅，能一起应和的人就寥寥无几。”这个故事表明了“阳春白雪”和“下里巴人”对普通百姓的区别。当然，我们不能把人分为高雅低俗、三六九等，但人与人之间的喜好、所能领悟的境界等等确实是有所差别的。要想把社会主义核心价值观渗透到广大人民群众中，简单的教条式的说教是无济于事的，而是要想方设法找到与群众之间的交汇点、共鸣点。当然，与群众产生共鸣，创新形式是必不可少的内容。要善于运用群众喜闻乐见的方式，搭建群众便于参与的平台，开辟群众乐于参与的渠道。例如利用电影电视的宣传力量，在基层开展社会主义核心价值观的公益宣讲，或者利用网络媒体与群众进行关于社会主义核心价值观的讨论和交流等等。总之，运用一切可以调动人民群众积极性的方式更广泛地传播社会主义核心价值观的正能量。

二、 充分发挥国民教育的作用

1985 年《中共中央关于教育体制改革的决定》指出：“教育必须为社会主义现代化建设服务，社会主义现代化建设必须依靠教育。”1987 年，党的十三大进一步提出：“百年大计，教育为本。”教育，作为传播文化的重要手段，始终贯穿于国家政策研究的各个层面。培育和践行社会主义核心价值观，是建设中国特色社会主义伟大事业、实现中华民族伟大复兴的战略性任务，关系到民族命运和国家前途，关系到每个公民的伦理操守、价值准则，必须要从教育入手，从娃娃抓起，贯穿于国民教育的全过程。

（一）培育和践行社会主义核心价值观要坚持育人为本、德育为先

“教育要从娃娃抓起。”这是改革开放的总设计师邓小平同志在谈到教育问题时说过的一句话。孩子的早期教育，对于他以后的成长起着至关重要的作用，而德育则决定了孩子成长以后的行为处事。

德育，就是要把对人的理想教育、爱国教育以及思想品德的培养始终放在首位。在中国古代的学校中，德育居于首要的地

位。《周礼·地官·师氏》记载："以三德教国子：一曰至德以为道本；二曰敏德以为行本；三曰孝德以知逆恶。"儒家主张"德治"和"礼治"。孔子强调"以德教民"，认为"道之以政，齐之以刑，民免而无耻；道之以德，齐之以礼，有耻且格"。在西方，德育很早就被重视。古希腊的苏格拉底主张"知识即美德"。亚里士多德认为，培养美德必须实践，并通过"理性"的教育，形成道德习惯。在欧美资本主义发展时期，许多哲学家和教育家还提出了一些新的德育思想。17 世纪英国哲学家洛克强调，通过"理性"培养年轻绅士的风度和道德品质，要求"能克制自己的欲望"，"服从理性所认为最好的指导"。18 世纪法国启蒙思想家卢梭主张德育要注意儿童成熟过程的阶段和年龄特点。19 世纪德国教育家赫尔巴特十分重视德育，他认为"德育主要是形成儿童正确的道德观念"，"要建立道德观念的统觉群"。人不学，不知义，小三岁定八十。培育和践行社会主义核心价值观要从"娃娃的德育"抓起，使核心价值观植根于孩子成长的心灵当中，保证其长久性和有效性。

立德树人，是我们国民教育的根本任务。培育和践行社会主义核心价值观，应将核心价值"纳入国民教育总体规划，贯穿于基础教育、高等教育、职业技术教育、成人教育各领域，落实到教育教学和管理服务各环节，覆盖到所有学校和受教育者，形成课堂教学、社会实践、校园文化多位一体的育人平台，不断完善中华优秀传统文化教育，形成爱学习、爱劳动、爱祖国活动的有效形式和长效机制，努力培养德智体美全面发展的社会主义建设者和接班人"。① 进行道德教育要注意适应青少年身心特点和成长规律，把对未成年人思想道德建设和大学生思想政治教育放在关键位置。在教育体系的建设中，实现从初级到高级的道德教育的良好衔接，使社会主义核心价值观通过教材和课堂融入德育全

① 《关于培育和践行社会主义核心价值观的意见》，人民出版社，2013 年版，第 7 页。

过程。

2004 年，云南大学马加爵一案轰动一时。马加爵曾以优异成绩考取省重点宾阳中学，被预评为“省三好学生”……就是这样一位看似品学兼优的人，2004 年却在云南大学宿舍连杀了 4 人！此事轰动了全国的教育界。杀人起因是由于他与舍友之间的不愉快关系。马加爵后来在遗书中说：“这篇短文取名忏悔，除了想写出自己的所感所想以对所有受到伤害的人有个交代之外，还想以此警醒世人，千万不要犯罪，凡事要三思。当你想犯罪的时候你要明白——最大的受害者其实是你最亲最爱的人！其实，我最想对亲人们说声对不起。父亲母亲对我从小就疼爱有加，从小就对我寄予厚望，希望我出人头地，希望我为家乡争光。他们为我含辛茹苦了几十年，而我在即将成功的时候，却犯下了不可饶恕的罪行，这对他们的打击是多么的沉重啊，可怜天下父母心，对不起……”① 在他的心里也有着道德的谴责，有着对亲人的愧疚，但是逝去的生命却永远不再回来。去年，复旦投毒案又引起了社会的广泛关注。2013 年 4 月，复旦大学上海医学院研究生黄洋遭到舍友林森浩投毒致死，其原因在于两人之间关系不和。最终，法院判决被告人林森浩犯故意杀人罪，判处死刑，剥夺政治权利终身。新华视点评论说：“有外在知识无内在约束，教育应反思。”人民日报评论：“培养人才，有知识更要有德性；大学教育，重学术更要重人格。让学生懂得去爱，去尊重，去包容，才能避免悲剧重演。”② 对于复旦大学投毒事件，北京大学教授钱理群曾评论道：“我们的一些大学，正在培养一些‘精致的利己主义者’，他们高智商、世俗、善于表演、懂得配合，更善于利用体制达到自己的目的。”

---

① 《马加爵偶然必然七宗罪》，新华网，http：//big5. xinhuanet. com/gate/big5/news. xinhuanet. com/comments/2004 - 06/22/content _ 1538485. htm。

② 《上海一周：反思“复旦投毒案”中的舆论角色》，人民网，http://sh. people. com. cn/n/2014/0224/c134768 - 20630268. html。

这两起事件说明，适应学生身心发展规律的学校教育必须紧紧抓住育人为本的原则，只有教会学生如何做人，教育才算成功，社会主义核心价值观才算形成。当然，我们知道教育不仅仅局限在学校，人所处的家庭与社会环境同样是教育场所。《意见》中提到："完善学校、家庭、社会三结合的教育网络，引导广大家庭和社会各方面主动配合学校教育，以良好的家庭氛围和社会风气巩固学校教育成果，形成家庭、社会与学校携手育人的强大合力。"①

2013 年上半年，关于李天一的案子炒得沸沸扬扬。2013 年 2 月 19 日，北京市海淀分局接到报警，一名女事主称，2 月 17 日晚她在海淀区一酒吧内与李天一等人喝酒后，被带至一宾馆内轮奸。鉴于李天一是著名歌唱家李双江之子，该案立刻引起社会关注。2013 年 3 月 7 日，李天一等人因涉嫌轮奸已依法批捕。在案件审理中，"李天一未成年"的舆论引起热议。在 2013 年 3 月 19 日，李天一的母亲梦鸽曾委托北京市陆通联合律师事务所薛律师担任李天一涉嫌强奸罪一案侦查阶段的辩护人，薛律师发出律师声明，称"李天一是未成年人"。这起案件给家庭和社会的教育敲响了警钟，反映出家庭与社会对青少年成长中道德教育的诸多问题。

（二）拓展青少年培育和践行社会主义核心价值观的有效途径

古人云："纸上得来终觉浅，绝知此事要躬行。"做人需要"读万卷书，行万里路"。在国民教育中培育和践行社会主义核心价值观，社会实践的养成不可或缺。教育部门应注重完善实践教育教学体系，努力开发适应青少年发展状况的实践活动课程，加大投资力度建设"青少年社会实践活动基地，组织青少年参加力

① 《关于培育和践行社会主义核心价值观的意见》，人民出版社，2013 年版，第 7 页。

所能及的生产劳动和爱心公益活动、益德益智的科研发明和创新创造活动、形式多样的志愿服务和勤工俭学活动”。[①]

生产劳动、爱心公益活动和形式多样的志愿服务，可以让青少年在实践中体会社会主义核心价值观在人生中的重要意义。《礼记·礼运》中说：“大道之行也，天下为公，选贤与能，讲信修睦。故人不独亲其亲，不独子其子，使老有所终，壮有所用，幼有所长，矜、寡、孤、独、废疾者皆有所养。”志愿服务、爱心活动就是培养青少年领悟社会主义核心价值观“大道”的直接有效途径，是吸取社会正能量、树立人生正确价值观的有效方法。没有了爱心，没有了公益，社会主义核心价值观就失去了生命力。随之而来的，是一幕又一幕社会冷漠的悲剧。

2011 年 10 月 13 日，在佛山南海黄岐广佛五金城发生了一场震惊世界的惨剧：只有两岁的小悦悦相继被两车碾压，7 分钟的时间，18 名路人路过但都视而不见，漠然而去。等到最后一名拾荒人陈贤妹看见才上前施以援手。这件事引发网友广泛热议，也被国外媒体相继报道。全国政协常委、外事委员会主任、国务院新闻办公室原主任赵启正说道：“在电视上看到佛山小悦悦事件的视频，总共播了 8 分钟，我看的时候恨不得跳进荧屏去唤醒那些麻木的路人。小悦悦事件真是有损中国人的形象。”小悦悦事件引发了全国人民对于道德滑坡问题的大讨论，为什么拥有五千年传统文明的中华民族竟然出现如此悲剧呢？

起因还在于“倒地老人该不该扶”的问题上。就最近《新闻联播》报道的一起河南小伙扶起老人反被诬陷的事例来说，2014 年 2 月 10 日下午 3 时许，在洛阳涧西区西苑路与武汉路交叉口附近的洛阳平价商店门前，一名老人正在买菜时突然跌倒。离老人不远的超市员工刘永银发现后，赶忙上前扶起老人。刘永银回忆说，上前搀扶时，刚伸出手，就听到老人说出一句让他寒心的话

---

① 《关于培育和践行社会主义核心价值观的意见》，人民出版社，2013 年版，第 8 页。

“你害我干啥”。短暂犹豫后，他还是和一位路人一起将老人扶起，但老人却一口咬定是刘永银把她“推倒的”。老人一边说，一边拉着刘永银不放，坐在超市门前讨要说法。无奈之下，刘永银拨打了110，报警求助。经了解，称“被人推倒”的老人系附近一小区居民，今年80多岁，老人称自己在超市正在买菜时被人推倒，从三四阶高的台阶上跌落，当场感觉“头疼，腰疼，需马上去医院看病”。[①] 倒地老人该不该扶？遇险群众该不该救？这些对拥有千年文明的中华民族来说，看似极为荒唐的问题竟一再引发关注。道德伦理遭受质疑，良心发现被人拷问，社会风气让人唏嘘。然而，正是因为这么多丑恶发生在我们身边，志愿服务和爱心公益才更加不能被忽略。只有更多地组织青少年参加爱心公益活动，才能培养青少年坚定的社会主义核心价值观念，才能在未来从根本上消除一切丑恶现象。

爱心公益让青少年学会领悟，实践基地让青少年快乐成长。建设社会实践基地，首先要树立正确的教育观。教育观念正确与否关系到教育事业的成败。要全面实施素质教育，打造面向现代化、面向世界、面向未来的教育，秉承适合的教育是最好的教育，生活的教育是根本的教育。要让青少年始终在教育基地中接触“社会”，感悟“生活”，放飞理想。建设社会实践基地，还要树立正确的实践观。实践是认识的来源，是检验真理的唯一标准。树立正确的实践观，对青少年领悟社会主义核心价值观来说不可或缺。要坚持“听过的会忘记，看过的会有痕迹，做过的才会永远记忆”的实践观，让青少年学会用眼睛自己观察，用大脑自己思考，更要用双手自己创造。建设社会实践基地，要充分利用地理环境的优势，结合本地具体的情况开发实践活动课。一分耕耘一分收获，只有感悟人生，才能快乐成长。这样的实践教育对于青少年树立正确的世界观、人生观和价值观具有重要意义，

---

① 《洛阳小伙扶老人被讹引热议，称再遇老人摔倒仍会扶》，中原网，http：//news. zynews. com/2014 -02/21/content_ 9177213. htm。

也在潜移默化中将社会主义核心价值观融入了自己的生活。

培育和践行社会主义核心价值观，还要注重发挥校园文化的熏陶作用。校园是学生成长的摇篮，是培育青少年社会主义核心价值观的主阵地。要充分利用学校报刊、广播、网络大力开展核心价值观教育。诚信教育是价值观教育的首要环节。在学生的综合测评中，摒弃将学习成绩作为决定学生优劣的标准，要将诚信表现纳入学校教育质量综合测评体系，记进学生成长记录。深入开展“实现中华民族伟大复兴中国梦”的爱国主义宣讲活动，在校园各个角落制作爱国人士简介海报，讲述爱国名人英雄事迹，培育热爱祖国的高尚情怀。邀请专家名人进校园，以他们的亲身经历生动活泼地为青少年讲述文化、传播知识，把高雅艺术从荧屏上拉近到学生眼前，鼓励学生参加与学者、艺术家的良性互动，形成良好校园文化环境。另外，改进校园广播内容，定时播报社会群众优良道德事迹，同时要“建设全国高校校园网站联盟，打造若干具有广泛影响的社会主义核心价值观主题教育网站和网络互动社区，把校园网打造成为学生自我教育、自我服务的重要平台”。①

（三）建设师德高尚、业务精湛的高素质教师队伍

陶行知先生有言：“学高为师，身正为范。”学高为师，指的是身为教师必须拥有精深的专业知识，这样才能像《师说》中说的“传道、授业、解惑”；身正为范，则指明了身为教师，不仅要教会学生知识，更要以身作则，教会学生做人的道理。孔子说过：“其身正，不令而行；其身不正，虽令不从。”这就要求教师应该处处为学生之表率，用自己的实际行动来影响学生，让他们在潜移默化中受到感染，养成良好的行为习惯，学会做人。教师是学生学习上的教育者，生活上的指导者，精神上的引路人。培

① 袁贵仁,《把培育和践行核心价值观融入国民教育全过程》,《人民日报》, 2014 年 1 月 6 日。

育和践行社会主义核心价值观，必须要求师德高尚。“要实施师德师风建设工程，坚持师德为上，完善教师职业道德规范，健全教师任职资格准入制度，将师德表现作为教师考核、聘任和评价的首要内容，形成师德师风建设长效机制”，[①] 引导广大教师自觉增强教书育人的荣誉感和责任感。只有文化知识而缺少师德观念，教育者就辜负了“老师”的称谓；只注重经济效益而忽视育人为本，教育成果就成为一纸空谈。

捷克教育家夸美纽斯有一句名言：“教师是太阳底下最光辉的职业。”这种光辉就是建立在师德的基础上的。既然德育是学校教育的首要原则，师德就必须走在德育教育的前列。然而，师德的丧失问题经常会为媒体所曝光。2008 年汶川地震中，就出现了轰动一时的“范跑跑事件”。“范跑跑”，原名范美忠，1997 年从北京大学历史系毕业的他在四川自贡蜀光中学当教师。“范跑跑事件”发生在 2008 年“5・12 地震”时。据介绍，范美忠当时正在四川都江堰光亚学校上语文课，课桌忽然晃动了一下，范美忠根据对地震的一些经验，认为这是轻微地震，因此叫学生不要惊慌。话音刚落，教学楼就猛烈地震动起来。他瞬间反应过来是大地震！然后猛然向楼梯冲过去。后来，范美忠发现自己是第一个到达足球场的人，等了好一会才见学生陆续来到操场。范美忠后来说：“我从来不是一个勇于献身的人，只关心自己的生命，你们不知道吗？上次半夜火灾的时候我也逃得很快！”[②] 这件事引起了一场轩然大波。一时间，关于“师德”的讨论甚嚣尘上。2008 年 6 月 12 日，凤凰网发表评论《范美忠老师，卑鄙是卑鄙者的通行证》指出：“我们一直在被谭千秋、瞿万荣这样的老师感动着，因为他们用行动告诉了我们‘师德如山’。范先

---

① 《关于培育和践行社会主义核心价值观的意见》，人民出版社，2013 版，第 8 页。

② 范美忠，《那一刻地动山摇——5・12 汶川地震亲历记》，http://blog.tianya.cn/blogger/post_read.asp?BlogID=332774&PostID=13984999。

生痛恨现行的教育体制，希望能给基础教育带来一点新意这一点我们双手欢迎，可我们不希望看到的是灾难面前您第一个逃跑的样子。一个人的思想再活跃，再前卫，可如果连一点点起码的师德都没有，连一丝人情味都没有了，那也只能是一个虚伪的思想家。"①

当我们还在为"师德"问题讨论不休的时候，"最美女教师"张丽莉的事迹感动了所有人。2012 年 5 月 8 日 20 时 38 分，在佳木斯市胜利路北侧第四中学门前，一辆客车正在等待师生上车，这时驾驶员误碰操纵杆致使车辆失控撞向了学生。危急关头，教师张丽莉一把将学生推向一旁，自己却被碾到车下，造成双腿截肢。据目击者佳木斯市第十九中教师王筱芊说："当我发现张丽莉时，她已经躺在车底下了，当时很多学生在喊快救救老师。"张丽莉用自己的双腿诠释了身为教师的高尚品德，她的事迹也告诉了我们，亲其师，信其道；没有爱，就没有教育。教师必须关心爱护全体学生，尊重学生人格，平等公正地对待学生。对学生严慈相济，做学生的良师益友。保护学生安全，关心学生健康，维护学生权益，这也是师德的灵魂所在。

当然，虽然师德是老师育人的根本，但师德以外的，如专业的学科知识、先进的教学理念、良好的教育和研究能力等等同样是老师教学的法宝。培育和践行社会主义核心价值观，还必须深入考核教师的基本专业知识和教学手段，保证学生在学习如何做人的同时，掌握必需的科学文化知识。这样才能实现其成为德智体美劳全面发展的社会主义建设者和接班人。从教师职业道德素质上说，教师还应树立终身学习的理念。中共十六大报告强调：要"形成全民学习、终身学习的学习型社会，促进人的全面发展"。终身学习对于教师的意义可见一斑。

---

① 《范美忠老师，卑鄙是卑鄙者的通行证》，凤凰网，http：//news. ifeng. com/opinion/200805/0528_ 23_ 566532. shtml。

三、加强社会主义核心价值观的宣传教育

宣传教育手段历来是政府推广社会意识形态、加强社会凝聚力不可忽视的手段。在当今时代，随着国际形势出现日新月异的变化，人民群众的思想观念、利益诉求开始从原来的一元化转向越来越多样化、多元化，社会“信仰缺失”问题开始凸显，群众价值追求走向慢性失衡。如何解决社会中因为价值观念失衡而出现的问题，成为呼之欲出的研究对象。这就要求我们明确，巩固全国人民团结奋斗的共同思想基础，建设社会主义和谐社会，需要我们大力加强社会主义核心价值观宣传教育。

（一）用社会主义核心价值观引领社会思潮、凝聚社会共识

《意见》中指出：“用社会主义核心价值观引领社会思潮，凝聚社会共识。要深入研究社会主义核心价值观的理论和实际问题，深刻解读社会主义核心价值观的丰富内涵和实践要求，为实践发展提供学理支撑。深入推进马克思主义理论研究和建设工程。”① 培育和践行社会主义核心价值观，坚持以马克思主义为指导，是中国特色社会主义的根本。马克思主义从实际出发，继承和发展了以往人类社会所创造的精神财富和优秀成果。它不仅是一个时代的思想精华，也是社会主义意识形态的核心和灵魂。在《共产党宣言》中，马克思指出了“代替那存在着阶级和阶级对立的资产阶级旧社会的，将是这样一个联合体。在那里，每一个人的自由发展是一切人自由发展的条件”。自由、解放、全面发展，是马克思主义的价值追求，也是社会主义核心价值观的最终目的。“新形势下提炼、概括社会主义核心价值观，就是要坚持不懈地用马克思主义价值观武装全党，教育人民，最大限度地凝

---

① 《关于培育和践行社会主义核心价值观的意见》，人民出版社，2013版，第11页。

聚社会思想共识，有效抵御各种错误思潮影响，确立积极向上的价值导向，确保党和人民的事业始终沿着正确方向开拓前进”。①

美国批判社会学家丹尼尔·贝尔在其著作《资本主义文化矛盾》中说：“现代性的根本问题是信仰问题。原来都是一元化信仰，现在是价值多元，什么都可以。”随着社会改革步伐全面深化，改革攻坚期成为必须跨越的阶段。在此期间，矛盾凸显期与之相互重叠。矛盾凸显带来社会思想空前的活跃，不同思潮争相涌现，力图在思想界占有一席之地。文化多样的呈现本来无可厚非，百花齐放百家争鸣也是我们追求的目标。但是多元文化的涌现参差不齐，致使一些人为糟粕所迷惑。“信仰危机”“价值迷茫”的诞生与这种现象不无关系。多元化的价值诉求，人们思想活动的独立性、选择性、多变性、差异性的明显增强，使得今天我们引领社会思潮、凝聚社会共识的任务比以往更加艰巨。因此，要加强培育和践行社会主义核心价值观，用社会主义核心价值观引领社会思潮，凝聚社会共识，使其在众多文化流派中脱颖而出，使以爱国主义为核心的民族精神和以改革创新为核心的时代精神占据社会文化主流，不断增强人们的道路自信、理论自信、制度自信，坚定全社会全面深化改革的意志和决心。

邓小平曾经说：“要坚持物质建设和精神建设两手抓，两手都要硬！”三十多年来的改革开放使我国综合国力迅速增强，生产力迅速发展，物质建设取得极大成效，人民生活水平不断攀升。但与此同时，我们在建设中出现了一种一手硬、一手软的状况。如果精神文明建设没有跟上，那么物质文明建设取得的成果也会失去意义。精神文明建设“手软”导致了今天这样的现象：信仰危机致使年轻人失去拼搏发展的斗志，道德滑坡使得群众戴上了有色眼镜，人情淡薄把每一个人都关在自己精神世界的牢笼里。精神建设不是社会发展的枷锁，精神空虚才是社会进步的图

① 凌厚锋，《积极培育和践行社会主义核心价值观》，《福建日报》，2012年12月18日。

圄。所以，全面深化重大领域改革、建设中国特色社会主义事业、实现中华民族伟大复兴中国梦要求我们在发展生产力，追求物质文明的同时，必须着重解决精神文明建设，要强化我们的社会主义核心价值观，树立中国特色社会主义共同理想。

社会主义核心价值观一方面丰富我们的精神生活，摆脱群体的精神困扰；另一方面又是我们抵御各种错误思潮的一种必然选择。改革开放以来，中国的大门面向世界敞开，在吸引吸收世界各国优秀精神文化的同时，也给腐朽文化的趁机而入提供了条件。腐朽文化，伴随着国人对新鲜事物的敏感与好奇，附着在中华民族传统优秀文化的衣袍之上。拜金主义冲击了勤俭节约，个人主义挑战着集体主义，所谓的新自由主义也蔑视着马克思主义的指导思想。我们倡导的多元文化的“多”，是摒弃了腐朽文化的“少”；中华国门欢迎的，是世界各民族优秀传统的精华。拜金主义、享乐主义、自由主义、功利主义，影响了青年人树立正确世界观、人生观、价值观的取向。当然，我们也必须承认，处在改革攻坚期的社会现状也会为糟粕文化的滋生提供温床。不论糟粕文化来自海外或是自身，我们都必须自觉抵制其消极的影响。全面深化改革，建设中国特色社会主义伟大事业，要先“打扫干净屋子”。生活在鱼龙混杂的思想环境中，主流意识就很难攻占思想的高地，失去了对价值追求的导向原则，社会凝聚力就无从谈起。

为了抵制这些错误思潮，党中央提出必须用一个公认、共识的东西，就是必须培育和践行社会主义核心价值观。社会主义核心价值观正是人民群众所追求的、普遍接受的价值准则。加强社会主义核心价值观的宣传，有利于丰富人民群众的精神生活；推进社会主义核心价值观的教育，有利于抵制错误思潮，净化社会风气。我们要用社会主义核心价值观加强社会思潮动态分析，强化社会热点难点问题的正面引导，在尊重差异中扩大社会认同，在包容多样中形成思想共识，调动一切积极因素，团结最广大人民群众，巩固全面深化改革的思想基础，为实现中华民族伟大复兴中国梦提供强大精神动力。

（二）新闻媒体要发挥传播社会主流价值的主渠道作用

加强社会主义核心价值观宣传教育，新闻媒体责无旁贷。新闻媒体离不开社会舆论的支持，社会舆论更离不开新闻媒体的导向。宣传社会主义核心价值观，新闻媒体要发挥传播社会主流价值的主力军作用。坚持团结稳定鼓劲、正面宣传为主，要表现积极健康、引人向上、充满活力的形象，代表人心世道，表现民族精神。要牢牢把握正确的舆论导向，弘扬主旋律，传播正能量。在新闻采编、稿件审理、版面安排等具体流程中，要坚持将社会主义核心价值观贯穿进去、融入进去，不断巩固壮大积极健康向上的主流思想舆论阵地，让核心价值观“像空气一样无处不在”。

2014 年伊始，第一期《新闻联播》引发了网友热烈讨论，这档被看作全中国最严肃的节目在结尾时玩起了“浪漫”，向全国观众“卖萌”。我们知道，央视《新闻联播》是全国乃至全球收视人群最多的新闻类节目，它的一举一动都具有“风向标”意义和作用。新年新气象，《新闻联播》也在逐渐改版。改版后的节目“更接地气”、更有亲和力和活力。细心的观众会发现，2014 年元旦的《新闻联播》在结尾有了新的突破，播音员康辉在最后总结道：“人们说2013就是爱你一生，2014是爱你一世，新闻联播和你一起，传承一生一世的爱和正能量!”此番结束语引起网友惊呼，纷纷留言称“越来越有人文气息了”，“更高端了”，“满满的都是爱啊”。

对《新闻联播》结尾“卖萌”，《新华日报》随后发表了观点：其实，《新闻联播》的变化不可谓不大。大家都还没有忘记央视街访时，那些经典的雷语：像“你幸福吗？我姓曾”这样的答非所问，“人民币对不起中国人”一般的市民心声……这样的新闻之所以能引发社会各界热烈讨论，除了新闻联播本身的超大影响力之外，说明老百姓对新闻联播以及国家发展变化还有更大期待。“变脸”也好，“卖萌”也罢，背后反映的是整个国家的综合竞争力和自信度的提升。曾经，“国富民强”“万众一心”之类的“大词”充满了新闻联播的主流话语体系，而严肃严谨也成了新闻联播给观众留下的印象。然后，时代在变化，当下，一些卖萌和幽默更能拉近与观众的距离感，这种变化，反映的是国家的发展进步和由内而外散发出来的民族自信。期待《新闻联播》和春晚这样的节目能够更加接地气，多些卖萌和幽默，希望我们的国家发展越来越好，这才是我们每个人的中国梦！①

在《新闻联播》元旦表达浪漫之后，大年初六的《新闻联播》结尾又给了我们惊喜：他们请来可爱的大熊猫给全国群众拜年。随后大年初七的晚上，《新闻联播》温馨结尾彻底感动了所有的观众：“今天是春节长假最后一天，对于要出行的人来说，这是要离别的日子，或许这一别就要等一年才能见到父母亲人，提醒即将远行的人们，赶紧和亲人合拍一张全家福吧。”随后《新闻联播》“破天荒”地晒出了向网友征集的全家福照片。全家福，捕捉了欢笑，定格了幸福，将亲情的瞬间变成永恒。②

央视媒体作为主流媒体，宣扬社会主流价值观的责任当然更大。除了《新闻联播》用温馨、浪漫传递爱心和永恒，“新春走基层”节目也深得人心。人们发现，基层的普通百姓、一线的干部职工、边疆的各族人民，成为新闻的主角，他们的形象、声音、话语成为媒体上最惹眼的风景；从农家、边疆、厂矿到灾区、老区、牧区，到处活跃着记者的身影，一大批鲜活生动的新闻报道极富吸引力、感染力和亲和力。③“新春走基层”受到群众的热捧，不仅因为百姓生活成为聚焦的热点，还在于它带给我们的是中华民族优良传统美德的发扬。2014 年，“新春走基层”推出系列采访报道——家风是什么。“您知道您家的家风是什么吗？

---

① 《央视“卖萌”为何好评如潮》，《新华日报》，2014 年 1 月 3 日。

② 《新闻联播温馨结尾：拍张全家福吧》，新华网，http：//news. xinhuanet. com/photo/2014 -02/07/c_ 126093635. htm。

③ 《“新闻走基层”缘何赢得受众热捧》，光明网，http：//politics. gmw. cn/2011 -02/24/content_ 1644573. htm。

您家的家风是写出来挂在了墙上？还是在父母的话语里？还是打小就藏在了您心里呢?”……一个词，一句话，一个家里的故事，一段家庭的记忆，都是家风的载体。“家风”是中华民族一直代代传承的优良品德。古时的孩童在私塾当中就要熟记《弟子规》:“弟子规，圣人训，首孝悌，次谨信，泛爱众，而亲仁，有余力，则学文。”在采访中，普通百姓说出了许多在当代社会应牢记并传承和发扬的优良品德：孝敬父母、勤俭持家、诚实守信、礼义廉耻……我们如果问，社会主义核心价值观到底是什么？相信多数普通群众不会把24个字脱口而出，但是这些家风，这些美德，不正是应了社会主义核心价值观的精神实质吗？培育和践行社会主义核心价值观，就应在主流媒体的正能量宣传中，将其潜移默化地渗透进群众心里。

弘扬主旋律，传播正能量，作为主流媒体的央视开了好头，各地方电台、报刊也应紧随其后。对此，要先从政策上加强媒体媒介管理，遏制错误观点的传播渠道。严谨电台、报刊节目内容，坚决打击为单纯提高收视率、阅读率而主办的低俗类、炒作类节目。加大处罚力度，一经发现私自传播错误观点，要立刻责令该内容停办改正。电台、报刊要在重要时段、重要版面推出专栏专题，各大出版社要推出专项出版，运用丰富多彩的形式传播社会主义核心价值观。都市类、行业类媒体要充分发挥自身贴近群众、贴近实际、贴近生活的优势，挖掘更多普通人物身上的道德闪光点，用人民群众喜闻乐见的方式和方法传播正能量，宣传社会主义核心价值观。新闻媒体工作人员要从我做起，从身边的小事做起，强化行业自律、责任意识，将员工的个人修养作为从业资格考评的重要内容。

（三）建设社会主义核心价值观的网上传播阵地

党的十七届六中全会指出：“加强网上思想文化阵地建设，是社会主义文化建设的重要任务。要认真贯彻利用、科学发展、依法管理、确保方针的安全，加强和改进网络文化建设和管理，加强网上舆论引导，唱响网上思想文化主旋律。"

网络的作用有多大？或许我们很难说清楚，但至少我们可以根据事实（如一条微博的转发引起社会的热议）得出这样的结论：网络中，天天在上演着"蝴蝶效应"。所谓"蝴蝶效应"，是美国气象学家爱德华·罗伦兹的理论："一只南美洲亚马孙河流域热带雨林中的蝴蝶，偶尔扇动几下翅膀，可以在两周以后引起美国得克萨斯州的一场龙卷风。"其原因就是蝴蝶扇动翅膀的运动，导致其身边的空气系统发生变化，并产生微弱的气流，而微弱气流的产生又会引起四周空气或其他系统产生相应的变化，由此引起一个连锁反应，最终导致其他系统的极大变化。当然，"蝴蝶效应"主要还是关于混沌学的一个比喻：不起眼的一个小动作却能引起一连串的巨大反应。网络的作用就是如此。

如今，网络等更具有社会性的媒体的成熟，使信息渠道和传播主题更加多元化。"人人都有麦克风"的时代已经到来。据CNNIC发布的《第33次中国互联网络发展状况统计报告》显示，截至2013年12月，我国网民达6.18亿，全年共计新增网民5358万。其中，手机网民规模达5亿，互联网普及率为45.5%。网络舆论已经成为社会舆论的重要组成部分。网络传播融合了人际传播、群体传播、组织传播和大众传播的特点，快捷而且覆盖面广，这些因素增加了引导舆论、传播主流社会主义价值观的难度，甚至使之成为错误思想观点的集散地和散布谣言的高发区，一些严重违反社会主义核心价值观的丑恶现象通过网络广泛传播。

网络谣言这种文化现象，其本质是腐朽的、低级趣味的、破坏性的文化，其产生与主流文化息息相关。当主流文化占据主导地位，谣言就没有滋生的条件；当主流文化因为各种不利条件发展迟缓，谣言就会顺势四起。"千里之堤，毁于蚁穴"，防微杜渐才能维持社会稳定。打击网络谣言，净化网络环境，在我国目前互联网网民数量急剧增加的今天刻不容缓。社会主义核心价值观的广泛传播，是打击网络谣言、抵御错误思想的有效方法。要牢固建立社会主义核心价值观的网上传播阵地，弘扬社会主义主流文化思想，保证网络环境干净透明。政府部门要坚持以核心价值观为指导，用正气压倒邪气，用实实在在的言行粉碎一个个的谣言。时间长了，造谣者没有市场，谣言也就没人相信。

除去类似网络谣言这种腐朽文化现象，网络文化的传播也可以从正面带给群众丰富的精神文化，传播社会主义核心价值观正能量。一直以来，代表主流文化传播阵地的网站有：人民网、新华网、央视网、央视 CNTV、光明网等等。应从这些主流网站入手，加大资金投入，将其做大做强，吸引更多网民浏览点击。而其他的商业新闻网站，例如新浪、搜狐、腾讯、网易等，也应更加规范，摒弃荒诞的花边绯闻，增加爱心传递的正面报道。

（四）发挥精神文化产品育人化人的重要功能

“国民之魂，文以化之；国家之神，文以铸之”。文化，涵盖了人们生活的方方面面，包罗万象且渗透于每一个人的毛孔。文化内涵的丰富性乃是人类追求自由、自觉实践活动本质的显现，也是文化自觉与自信的结果。人的精神世界的丰满，需要文化的涵养；一个国家和民族精神家园的丰厚，更需要文化的认同。培育和践行社会主义核心价值观，大力发展和繁荣社会主义文化事业，提升中华民族文化凝聚力，建设中华民族共同的文化家园，必须高度重视文化建设。

改革开放以来，《春天的故事》《走进新时代》《歌唱祖国》等一首首经典歌曲唱响了九州四海，也唱起了人民对美好明天的无限向往；《亮剑》《长征》《东方》《延安颂》等一部部经典电视剧红透了六合八荒，也激发了群众对先辈们的崇高敬意。这些优秀的文化作品深入人心，广受好评。它们展示了对真善美的不懈追求，传递着至高的思想境界和道德情操，引人入胜，发人深省。培育和践行社会主义核心价值观，正好可以以这些优秀的文化作品作为载体向广大人民群众积极传播。爱国主义、民族精神、舍己为人、无私奉献……文化作品正是因为这些可贵品质，才具有育人化人的重要功能。古人说“春风风人，夏雨雨人”，优秀精神文化产品育人化人的重要功能，如同和煦的春风温暖着人们的心灵，如同丰沛的夏雨滋养着人们的精神。“随风潜入夜，润物细无声”，优秀的文化艺术作品内涵了社会主义核心价值观的精神，外扩了社会主义核心价值观的内容。它用悦耳动听的旋律、生动形象的画面将核心价值观送进群众的心里。

发挥精神文化产品育人化人的重要功能，首先要坚持弘扬主旋律的原则。一切文化产品、服务和活动，都要符合社会主义核心价值观的要求，唱响中华民族追求国家繁荣富强、人民幸福安康、实现伟大复兴梦想的时代主旋律，传递积极的人生追求、高尚思想境界和健康生活情趣。其次要不断提升文化产品的艺术水平，增强文化产品的艺术性、思想性和观赏性，弘扬真善美，贬斥假恶丑。坚决抵制低俗、庸俗、媚俗之风和不顾社会责任、漠视国家法度、混淆是非观念的错误倾向，积极营造和谐美满的社会主义文化氛围。再次要坚持始终以人民群众的文化需求为创作点。文化既然育人化人，那么“人”就是文化创作的主体对象。要以广大人民群众为中心，丰富群众精神生活，树立群众思想共识，凝聚群众团结一致。最后要加大对优秀文化产品的推广力度。“积极开展优秀文化产品展演展映展播活动经典作品阅读观看活动。要完善文化产品评价体系，坚持文艺评论评奖的正确价值取向。要完善公共文化服务体系，提供均等优质的文化产品，开展多姿多彩的文化活动，丰富群众精神文化生活。”①

“意犹帅也，无帅之兵，谓之乌合”。精神文化产品如果没有思想内核，就如同一群没有统帅、没有战斗力的乌合之众。社会主义核心价值观，正是当代精神文化产品最深层的精神内核，也是其育人化人功能的价值体现。②

---

① 《关于培育和践行社会主义核心价值观的意见》，人民出版社，2013年版，第14页。

② 《发挥精神文化产品育人化人的重要功能》，《中国文化报》，2014年1月3日。

四、探索广大群众喜闻乐见的有效形式和方法

培育和践行社会主义核心价值观，事关社会的道德文明，事关社会的和谐与进步。利用丰富多彩的形式，广泛持久地涵养社会主义核心价值观，是全社会道德培育和道德实践活动的基础。对群众而言，单纯的理论教育不能使其全神贯注，需要我们采取人民群众喜闻乐见的形式和方法，将社会主义核心价值观贯穿于群众生活的方方面面，从而实现群众理解和践行社会主义核心价值观的目标。

（一）广泛开展道德实践活动

开展道德实践活动是提高公民道德素质、提升社会道德风尚的重要手段，是培育和践行社会主义核心价值观最直接有效的方式。道德实践活动的开展首先“要以诚信建设为重点，健全覆盖全社会的征信系统，加大对失信行为的约束和惩戒力度，在全社会广泛形成守信光荣、失信可耻的氛围”。①

古今中外，诚信一直为人们所重视。孟子说：“诚者，天之道也；思诚者，人之道也。”墨子说：“言不信者，行不果。”孔子道：“民无信不立。”美国作家艾琳·卡瑟说：“诚实是力量的一种象征，它显示着一个人的高度自重和内心的安全感和责任感。”培育和践行社会主义核心价值观，要把诚信建设摆在突出位置，大力推进政务诚信、商务诚信、社会诚信和司法公信建设。政务诚信建设要求政府行政机关及时公开政务内容，做到阳光执法；及时转变政府角色，带头促进社会公平公正；要从道德建设和制度建设两方面入手，保证政务诚信长期有效。商务诚信建设首先要鼓励信用工具使用规模和范围不断扩大，推动信用经

---

① 《关于培育和践行社会主义核心价值观的意见》，人民出版社，2013年版，第15页。

济迅速发展；要推进公用信息法制化、程序化，保证公用信息有法可依；要建立相关机制监管信用交易行为，严惩非法交易；要加强信用道德规范和信用教育宣传，提升整体信用水平。社会诚信建设要以道德教育为主，以法制规范为辅。道德教育上要以社会主义核心价值体系引导社会思潮，以潜移默化的方式教育广大群众；法制规范上要提高惩罚力度，完善法制建设。司法公信建设要做到树立司法为民的责任理念，不断提高司法工作人员整体素质；要推进司法公开化、阳光化，实现司法与群众的互动交流；要健全法律监督体制，规范媒体舆论监督。实现政务、商务、社会和司法诚信建设，更有利于为培育和践行社会主义核心价值观创造良好的社会环境，有利于为全社会培育和践行核心价值观做好表率。

开展道德实践活动，要“加强社会公德、职业道德、家庭美德、个人品德教育，形成修身律己、崇德向善、礼让宽容的道德风尚。大力宣传先进典型，评选表彰道德模范，形成学习先进、争当先进的浓厚风气。在国家博物馆设立英模陈列馆，深化公民道德宣传日活动，组织道德论坛、道德讲堂、道德修身等活动”。

媒体在道德典型宣传中应自觉承担中流砥柱的作用。随着现代社会媒体信息发展的日趋成熟以及生活水平的逐步提高，人民群众可以坐在家里通过电视感受道德模范的先进事迹。被誉为“中国人年度精神史诗”的《感动中国》节目就是宣传道德先进模范的典型。《感动中国》节目从开播至今，向全国观众推出了许多人物，其中有杨利伟、费俊龙、聂海胜、翟志刚等光彩的航天英雄，也有钱学森、袁隆平、钱伟长、黄伯云这样的科学学者，更有白芳礼、魏青刚、洪战辉、田世国这样的普通百姓。他们每个人身上都有一种让我们感到心灵震撼的精神力量，每个人的事迹都代表了人类道德水平的最高境界。在这些人物中，有的辛勤耕耘、无私奉献，体现着中华民族的优良传统和高尚品德；有的追求真理、不离不弃，为科学发展事业做出了杰出贡献；有的坚守岗位、历尽千辛，在平凡的生活中创造着不平凡的传奇；

有的舍己为人、无怨无悔，在挣扎中延续了他人的生命……表彰人物生平贡献，宣传人物光荣事迹，对开展道德实践活动，培育社会主义核心价值观有至关重要的作用。

学雷锋志愿服务活动也是开展道德实践活动、培育社会主义核心价值观的有效方式。雷锋精神，是以雷锋个人品德为基本内涵的、在实践中不断丰富和发展着的革命精神，其实质和核心是全心全意为人民服务，是我们新中国成立以来的精神坐标、道德支柱。周恩来总理把雷锋精神全面而精辟地概括为“爱憎分明的阶级立场、言行一致的革命精神、公而忘私的共产主义风格、奋不顾身的无产阶级斗志”。雷锋精神产生于上世纪50年代，它随着时代的变迁和进步拥有了新时代特色，人们也赋予了雷锋精神新的更有生命力的内涵。今天我们来把握雷锋精神，突出的有这么五个方面：一是要学习弘扬雷锋热爱党、热爱祖国、热爱社会主义的崇高理想和坚定信念。二是要学习弘扬雷锋服务人民、助人为乐的奉献精神。三是要学习弘扬雷锋干一行爱一行、专一行、精一行的敬业精神。四是要学习弘扬雷锋锐意进取、自强不息的创新精神。五是要学习弘扬雷锋艰苦奋斗、勤俭节约的创业精神。

大力弘扬雷锋精神，要广泛开展形式多样的学雷锋实践活动，采取措施保障学雷锋活动长久化、常态化、有效化。要确立关爱他人、服务人民的主题和理念，从城乡社区入手逐步向社会推进。围绕救济扶贫、大型活动、灾难及应急救援、环境治理等内容，围绕孤寡老人、困难群众、留守妇女和儿童、农民工、残疾人等特殊群体，组织开展形式多样的爱心公益和志愿服务活动，努力提升社会风气和文明程度，形成“社会是我家，服务你我他”的和谐氛围。要健全志愿服务体系，完善志愿服务激励机制、法律法规保障机制，把学雷锋志愿服务活动做到基层、做到社区、做进家庭。

（二）深化群众性精神文明创建活动

精神文明程度的高低，反映了群众生活质量的优劣。开展群众性精神文明创建活动，是培育和践行社会主义核心价值观的有效载体。群众性的内涵，突出强调的是全民性，是从全社会的角度出发，覆盖社会各个角落的广泛性文明。深化群众性精神文明创建活动，要在突出社会主义核心价值观的思想内涵上求实效，做到以点盖面，从文明家庭拓展到文明单位、文明村镇直到文明社会城市。以开展全民阅读活动的方式，不断提升人民群众的文化水平和社会文明程度。

人类一直在追求文明，而文明的传递从阅读开始。开展全民阅读活动，是提升公民文明素质和社会文明程度的重要举措。"全民阅读"，提倡社会人人读书，享受读书，让读书成为人们日常生活中不可或缺的部分，用读书增强群众文化水平，提升群众的思想道德境界，从而达到提升社会文明程度的目的。然而有人感慨："二三十年前，人们读的多是形而上的文史哲类书籍，近年来的阅读则越来越低幼化、浅薄化，没有精神追求。畅销书多是那些拿来就可以用的理财、养生、职场之类的实用书籍。有人忧心忡忡，有人大声疾呼，但谁能给出一计良策？我不信有什么法子可以让读者在三两年内改变读书习惯。读书不是孤立的事，它是社会大文化的一部分，社会价值推崇什么，读者自然追着读什么。全民信奉金钱，他就要去读理财的书；大家都想当公务员，公务员考试的辅导书肯定好卖。当人们在普遍谈论股票、关注股票时，你逼着人们每人买一套如何种地瓜的书，可能吗？"① 倡导全民阅读，提升公民素质和社会文明，必须始终以社会主义核心价值观为主导。用书籍作为贯彻核心价值观的有效载体，用核心价值观丰富书籍版面内容，使核心价值观普及社会群体并为群众所认可和推崇。

深化群众性精神文明创建活动，还要注重"开展礼节礼仪教育，在重要场所和重要活动中升挂国旗、奏唱国歌，在学校开学、学生毕业时举行庄重简朴的典礼，完善重大灾难哀悼纪念活

---

① 王国华，《文化，从阅读开始》，《人民日报》，2011 年 12 月 27 日。

动，使礼节礼仪成为培育社会主流价值的重要方式”。①

中国是礼仪之邦，作为中国古代的典章制度和道德规范，“礼”之传承源远流长。《礼记》有云：“夫礼者，所以定亲疏，决嫌疑，别同异，明是非也。”《释名》曰：“礼，体也。言得事之体也。”《礼器》曰：“忠信，礼之本也；义理，礼之文也。无本不立，无文不行。”礼是一个人为人处事的根本，也是人之所以为人的一个标准。故《论语》提倡“不学礼，无以立”，孟子主张“仁、义、礼、智”。孔子毕生推崇“克己复礼”，认为这是“仁”的根本，失去了礼，社会便失去了法度。现代社会，我们提倡的“礼”通常是指礼仪，是在社会约定俗成的规则中表现出的自觉、自律、自治的文明法度。它涉及了个人修养的高低、交际方式的艺术、文化传播的技巧、为人处世的原则等各个方面。我们注重在重要场所和重要活动中升挂国旗、奏唱国歌，实质提倡的是“国礼”。例如从习近平总书记的办公室场景中我们可以看到，他的办公桌上放着一面迷你型的中华人民共和国国旗。当然更不必说每天早上在天安门前伴随太阳冉冉升起的国旗和嘹亮的国歌了。这就是我们对国家致敬的礼仪。以礼待人，人必也以礼待己。培育和践行社会主义核心价值观，需要在“人人以礼相待”的和谐社会环境中才能更有实效性。

深化群众性精神文明创建活动，还要健全旅游类法规法制，加强对公民文明旅游的宣传教育和社会监督，增强公民旅游的文明意识。旅游文明问题一直是我国旅游业面临的重大问题。虽然我们很早就在宣传“除了脚印，什么都不留下”，但是效果不尽满意，甚至出现了中国公民在境外不文明旅游的行为。“丁锦昊事件”是该问题的突出表现。2013 年 5 月 24 日，一位名叫“空游无依”的网友在其微博上发了一张照片，照片中显示，在埃及卢克索神庙的浮雕上有汉语“丁锦昊到此一游”的字样。该网友

① 《关于培育和践行社会主义核心价值观的意见》，人民出版社，2013 年版，第 16 页。

评论道："在埃及最难过的一刻。无地自容。……我们试图用纸巾擦掉这羞耻，但很难擦干净，又不能用水，这是3500年前的文物呀。"① 该微博发出后立刻引起网友热议，24小时的时间内评论达11000多条，转发达到83000多条，而网上的相关评论则达数十万条。有网友说："这么神圣的地方居然发生这种事情，几千年的文物被你这几个字给毁了，一定要严惩！""强烈建议埃及使馆报警或采取相应法律程序进行索赔。"除了"丁锦昊事件"，世界上还有许多国家上演了中国游客的不文明行为。有人在从苏黎世到北京的飞机上打架斗殴，致使航班返航；影星黄渤在帕劳潜水捞到"中华"烟盒；有游客骑在美国华尔街金牛上大肆拍照；更有人在加拿大一公园湖泊里伸手逮住天鹅的脖子……有网友写道："亲爱的游客们，别忘了，出去时，你就是中国！"我们要认识到，每一个在境外的中国人，他代表的已经不再是一个单纯的个体，而是一个"中国的群体"。文明旅游，对丑陋行为说"不"！这不仅体现了个人的文明水平，更代表了一个国家的整体素质。深化精神文明建设，培育和践行社会主义核心价值观，文明旅游势在必行。

（三）发挥优秀传统文化、重要节庆日以及公益广告的作用和优势

《关于培育和践行社会主义核心价值观的意见》中指出，开展涵养社会主义核心价值观的实践活动，培育和践行核心价值观，要发挥优秀传统文化怡情养志、涵育文明的重要作用，发挥重要节庆日传播社会主流价值的独特优势，运用公益广告传播社会主流价值、引领文明风尚。

中国传统文化是我们先辈传承下来的丰厚遗产，曾长期处于世界领先的地位。它积淀着中华民族最深沉的精神追求，包含了

---

① 《埃及千年神庙现"到此一游"，中国游客称无地自容》，南都网，http://ndnews. oeeee. com/html/201305/25/65058. html。

中华民族根本的精神基因，是中华民族文化矗立的根本标志，为中华民族代代相传、生生不息提供了强大的精神动力。传统文化是历史的结晶，但它绝不是陈列在博物馆里的展览品，而是有着鲜活的生命。黑格尔曾说：“传统文化并不仅仅是一个管家婆，只是把它所接收过来的忠实地保存着，然后毫不改变地保持着并传给后代。它也不像自然的过程那样，在它的形态和形式的无限变化与活动里，永远保持其原始的规律，没有进步。”① 开展涵养社会主义核心价值观活动，培育和践行核心价值观，要加强对优秀传统文化思想价值的挖掘，梳理和萃取中华文化中的思想精华。“天行健，君子以自强不息；地势坤，君子以厚德载物”。优秀传统文化以它独特的道德规范和价值体系，涵养了现代社会人喧嚣浮夸的精神世界，给忙于生计而四处奔波的青年人提供了一片精神的净土。广为流传的传统美德给现代人树立了道德的标识，包括仁爱孝悌、谦和好礼、诚信知报、精忠爱国、克己奉公、修己慎独、见利思义、勤俭廉政、笃实宽厚、勇毅力行。稳固的价值体系为现代人标榜了价值的取向，包括修己安人、义以为上、“内圣”的追求、“逍遥”的境界。对于这些优秀文化，我们要用通俗易懂的语言赋予其新的时代内涵，使之与中国特色社会主义相适应，要增加国民教育中关于优秀传统文化的课程，通过学习和继承实现现代文化与历史文化传统相承接、与时代发展相一致，让优秀传统文化在新的时代条件下不断发扬光大。

重要节庆日在传播社会主流价值、培育社会主义核心价值观中有独特优势。各种重要节庆日、纪念日蕴藏着丰富教育资源，如青年节、建党日、建军节、国庆节等政治性节日，妇女节、劳动节、儿童节等国际性节日，每一个节日背后都有一段感人的故事。它们或是讲述我党在革命斗争年代艰苦奋斗、勇往直前，或是讲述中华学子团结一致、救国图强，或是展示人民解放军坚忍

---

① 张岱年、方克力，《中国文化概论》，北京师范大学出版社，2004 年版，第 6 页。

不拔、不屈不挠，或是展示新中国昂首挺胸、众志成城。要利用节日资源开展革命传统教育，举办庄严庄重、内涵丰富的群众性庆祝和纪念活动，利用党和国家成功举办大事、妥善应对难事的时机，因势利导地开展各类教育活动，加强对革命传统文化时代价值的阐发，发扬党领导人民在革命、建设、改革中形成的优良传统，弘扬民族精神和时代精神。

传播主流价值、引领社会风尚，公益广告是重要手段。濮存昕在一则《向前一小步，文明一大步》的公益广告中这样说：“一条公益广告就好像是一盏灯，灯光亮一些，我们身边的黑暗就会少一些……我相信文明就在我们身边，离我们很近很近，近得触手可及。”公益广告是一盏灯，它首先点亮了精神文明。公益广告在内容设计上更注重人文性，注重把人的道德修养的提升作为设计原则。有一则名叫《将爱心传递下去》的公益广告是这样的：孩子的母亲下班回来后帮年迈的老母亲洗脚，小孩在门外看见了。等到妈妈做完回来，孩子吃力地端着水盆走到妈妈面前说：“妈妈，洗脚。”母亲脸上淡淡的笑容，配上一句经典旁白：“其实，父母是孩子最好的老师”，瞬间打动了千万观众。公益广告就是将这种道德意识融入到普通百姓的生活片段中，体现真接性、普遍性和现实性，在潜移默化的熏陶和教育中提升我们的思想境界。公益广告是一盏灯，它又点亮了社会责任。每年年尾，从东南沿海出发奔向西南诸省老家的摩托车大军都会备受关注。在这片场景中，父母正顶着严寒艰难地奔波，为远在老家的孩子送一件过年的新衣裳……据统计，这样简单而又温情的回家故事播出 538 次，吸引了近 8 亿观众收看。一则关爱父母的公益广告《爸爸的谎言，你听出来了吗》播出1100多次，打动了 6 亿观众，这些数字的背后，我们看到了公益广告的传播力量。为什么公益广告会得到这么多人的认同？因为它简单而又温馨，朴实却又感性。尊老爱幼、和谐团结、勤俭节约、诚实守信、生态文明、树立新风等等主题的公益广告切合了当下实际问题，突出了社会具体责任。通过这些广告的进一步传播，人们的社会责任感必将进一步增强。公益广告是一盏灯，它还点亮了中华民族伟大复兴的“中国梦”。英国小说家杜格拉斯说：“透过广告可以发现一个国家的理想。”当下，以“中国梦”为主题的公益广告写满了大街小巷，它们以民间创作的艺术形式，将百姓心中的梦想形象地展示了出来。社会和谐、安居乐业、家庭美满、幸福安康，这些每一个普通老百姓心里蕴藏着的，就是“中国梦”的未来。“当无数‘百姓小梦’的联结，凝聚成实现民族复兴伟大‘中国梦’的强大力量，那么我们中华民族的‘中国梦’就必然会实现”。① 围绕社会主义核心价值观的培育，我们要在公益广告上策划选题、创新内容，继续壮大公益广告的声势，推出一大批内涵丰富、形式新颖、格调高雅、引人向上的作品，传播正风正气，传递社会的正能量。

五、建设科学的制度体制保障

培育和践行社会主义核心价值观，是推进中国特色社会主义伟大事业、实现中华民族伟大复兴中国梦的战略任务。中国梦是“梦”，它从中华民族辉煌而又屈辱的历史实际出发，畅想了中国在未来世界的繁荣昌盛；中国梦不是“梦”，它从每一个当代中国人的现实生活和具体理想出发，带给了人民群众富足和谐的社会生活。社会主义核心价值观与中国梦紧密相连，与每一个当代中国人的现实生活密切相关。培育和践行社会主义核心价值观，不仅要通过宣传和教育，更要从制度体制上高度重视，通过建设科学的制度体制保障将社会主义核心价值观落实到经济发展和社会治理中。

（一）严格遵循社会主义核心价值观的要求规划经济发展和经济行为

经济发展是提高人民生活水平的根本保障，是实现中华民族

---

① 叶明，《公益广告是一盏灯》，中国文明网，http：//www. wenming. cn/wmpl_ pd/yczl/201307/t 20130730_ 1375323. shtml。

伟大复兴的重要基石。《意见》指出，政府“确立经济发展目标和发展规划，出台经济社会政策和重大改革措施”，以及企业和经济组织“开展各项生产经营活动，要遵循社会主义核心价值观的要求……形成有利于弘扬社会主义核心价值观的良好政策导向、利益机制和社会环境”。①

遵循社会主义核心价值观的要求，从政府方面看，首先要促进经济社会持续健康发展。要用社会主义核心价值观统领经济发展，改变落后的经济发展观念，不再单纯以 GDP 的数据作为评价标准，而是将重点放在转方式、调结构、促改革、惠民生上；要坚持政府宏观调控和市场机制自我调节资源配置的双向作用，控制好“两只手”的力度；推进企业改革创新，坚持科学技术是第一生产力的原则，使劳动密集型产业向科技创新型产业转变。其次要深化经济体制改革。要坚持公有制为主体，多种所有制经济共同发展的经济政策；以国有经济为重点，探索公有制的多种实现形式，将国有资本渗透到重点领域和重点行业，增强国有经济的活力；健全社会主义市场经济体系，鼓励、支持、引导非公有制经济公平参与市场发展；逐步取消和下放行政审批事项，在行政体制、财税、金融、投融资、价格、民生、统筹城乡、农业农村、科技等重点领域和关键环节加大改革力度。

企业和其他经济组织开展各项生产经营活动，要做到讲求社会责任和社会效益，遵守法律法规，自觉抵制偷税漏税恶劣行为；以严把产品质量关为生产重点，拒绝假冒伪劣产品进入消费市场；要讲求公平竞争，严厉抵制暗箱操作、市场垄断；坚持诚信经营，保障消费者的合法权益。

建设中国特色社会主义市场经济，还必须处理好经济与道德的关系。当前中国市场经济存在的主要问题，是市场经济发展与道德建设之间的矛盾。市场经济与道德建设在社会主义市场的关

① 《关于培育和践行社会主义核心价值观的意见》，人民出版社，2013年版，第 9 页。

系，决定了二者在社会主义社会的共同发展。一方面，改革开放以来，新型社会主义市场经济代替了计划经济，物质财富的极大发展为道德建设提供了基础，人们的道德观念随之发生改变，并有利于人与人之间进一步实现平等团结友爱的良好关系。另一方面，良好的社会主义道德建设净化了市场经济的进一步发展所需要的和谐环境，并能促进市场经济平稳较快发展。我国从计划经济走向市场经济是“摸着石头过河”，缺乏相关经验，不可避免地出现了一些相关市场经济与道德建设的理论思潮。首先是受西方腐朽思想的冲击，传统道德伦理开始弱化，如近年来出现的拜金主义、享乐主义等；其次是伴随着新形势、新观念，新的道德理论也正在进一步形成；再次是将市场经济与道德建设彻底对立，认为二者不具有统一性。我们说，市场与道德是车之双轮，鸟之双翼，合则两美，离则两伤。市场经济需要道德的支撑，道德规范是市场经济的内在规定，二者是对立统一、相互渗透、相辅相成的。如何在当代社会将二者关系合理处置，直接影响了社会主义建设的进一步发展。

因此，政府在制定与人们生产生活和现实利益密切相关的具体政策措施时要注重两个统一：一是经济行为和价值导向的有机统一，二是经济效益和社会效益的有机统一。要把社会主义核心价值观贯彻到经济发展全过程，强化法制化和机制化，建立完善相应的政策评估和纠偏机制，防止出现具体政策措施与社会主义核心价值观相背离的现象，实现市场经济和道德建设的良性互动。

（二）以法律法规为保证推广主流价值

社会主义核心价值观倡导了国家、社会、个人三个层面的价值观，这三个层面是紧密相连、不可分割的。国家层面推行富强、民主、文明、和谐，恰恰为社会层面的自由、平等、公平、公正打好了基础，而社会层面的要求又是个人层面爱国、敬业、诚信、友善的条件。反过来讲也是一样的道理。但是要看到，即使是不怎么完善的价值观，它也不可能凭空诞生无故存在，尤其是它的推广需要前提和条件。《意见》中指出："法律法规是推广社会主流价值的重要保证。"

法律，是一个人的行为准则。法治，是一个国家和一个社会的行为准则。国家颁布的法律法规，作为一种思想上层建筑，意在保障国家行政权力的正常运行，维持社会基本秩序井然有序，保护公民的基本权利神圣而不受侵犯。换句话说，一个国家政权能否正常维持、社会秩序是否井然有序、人民的权利是否受到安全保障，是法律法规基本价值的体现。有人民才有社会，有社会才能建立国家，如果有一天"国将不国""人将不人"，所谓法律也就成了摆设的花瓶，可谓"法将不法"了。所以，我们必须强化法律的统治力，维持国家、社会、人民的系统性平衡，维持我们生存和发展的环境基础，保障我们生存的基本权利，把核心价值观相关要求上升为具体法律规定，并在此基础上培育和践行社会主义核心价值观。

推广社会主义核心价值观，法律法规的保证作用可以表现在以下几个层面：一是旗帜的作用。法律法规有一个鲜明的特点，它所规定的一切内容旗帜鲜明地表达了它的价值取向，就是说当我们看到它的某条规定时，就明白了该规定反面的内容。例如什么行为受到支持，什么方式得到鼓励，哪些表现会被反对，哪些做法遭到禁止，这些价值取向硬性规定了公民的行为准则，从本身来讲就体现了价值的内核。例如，法律会明确规定叛国罪，倡导公民热爱自己的祖国，凡是不法分子都会受到严厉制裁，这本身就体现了爱国主义的核心价值。二是督促的作用。所谓的督促，指的是法律内容中的一些规定措施可以促进公民的某些价值认同。这些价值认同当然体现了社会主义核心价值观的内涵，从而将我们的核心价值贯彻下去。例如，公共厕所、公共汽车中会规定设立残疾人专用设施，道路两边的步行街道会为盲人设立专用盲道，城镇建设会设立最低生活保障等等，这些内容体现了照顾特殊群体、帮助困难群众的爱心，同时体现了社会主义文明建设。久而久之，人们会对照顾特殊群体、帮助困难群众习以为常，也就促进了我们友善的核心价值观。三是保障作用。“法律法规的重要内容之一就是权利义务和法律后果。把体现核心价值内容的条文权利义务化和法律后果化，就是保证核心价值的实现”。[①] 例如，不论各国各地的宪法和法律法规条文都有这样的规定：法律面前人人平等。这恰好对应了社会层面中“平等”的核心价值观。这表明，法律保障了人们权利的合法性，这些合法性的权利对应的也正是我们提倡的核心价值观。

以法律法规为保证推广社会主流价值，要求我们要在依法治国、依法执政、依法行政的实践中厉行法治，严格执法，公正司法。在立法、执法、司法、普法和依法治理的各个方面，把培育和践行社会主义核心价值观贯彻到底，捍卫宪法和法律的尊严，维护社会的公平正义，以法律的特殊地位和效力来培养人们践行社会主义核心价值观的主动性。要注意加强法制宣传教育，弘扬社会主义法治精神，培育社会主义法治文化，增强全社会学法遵法守法用法意识，形成有利于培育和践行社会主义核心价值观的良好法治环境。

（三）把践行社会主义核心价值观作为社会治理的重要内容

党的十八届三中全会《决定》要求，要通过深化改革，实现从“社会管理”转向“社会治理”的创新。“管理”和“治理”仅一字之差，却可谓“差之毫厘，失之千里”。社会管理强调的是政府一元化的管理模式，涵义更倾向于“统治”；而社会治理强调的是多元主体的合作，包括政府、社会组织、企事业单位、社区以及个人等建立合作型伙伴关系，共同管理国家和社会事务。

---

① 杨小军，《法律法规是推广社会主流价值的重要保证》，《北京日报》，2014 年 1 月 6 日。

改革开放以来，为适应新环境、新变化，社会管理成为我们党和政府高度重视的内容。随着全面深化改革的推进，当前我国已经进入了改革攻坚期、矛盾凸显期，原有的社会管理模式逐渐凸显出了一定的问题。首先是由某些社会现状激发的人民内部矛盾，突出表现为前几年的政府征收土地、房屋拆迁、劳资纠纷、企业改革等问题。其次是社会党政腐败问题更加突出。据统计，仅 2010 年，纪检监察部门共接受信访举报1427186件（次），其中检举控告类1000277件（次）。初步核实违纪线索163480件，立案139621件，结案139482件，处分146517人。干部腐败串联了国有大型企业。2013 年一年仅北京市属国企反腐就刑事处分了 11 人，挽回财产损失近千万，加强反腐工作已经成为社会共同呼吁的重大问题。再次是我国公共安全问题形势严峻。从 2012 年看，全国发生安全事故 33 万起，死亡人数超过 7 万人次。食品药品安全更被人诟病，各类化学添加剂严重超标，各类假药、过期药大肆横行，严重危害人民群众的生命健康安全。以报复社会为目的的恶性案件和极端事件有所增多，医院、工厂甚至幼儿园、中小学都成为恶性犯罪的事故高发点。网络管理任务难度更大。我国是世界上互联网使用人口最多的国家，网络的高利用率，为虚假宣传、网络谣言和反动势力提供了可乘之机，国家安全面临着严峻挑战。因此，创新社会治理体制，对于维护最广大人民根本利益，确保人民生活安居乐业，维持社会安定秩序，构建社会主义和谐社会，增强社会发展活力，提高社会治理水平，维护国家安全，推进社会主义现代化建设事业具有重要意义。

但是，我们依然要清醒地认识到，在创新社会治理体制上我们还缺乏更好的经验，肯定将面对意想不到的困难和挑战，甚至难免会产生一些错误的认识和行为。要明确“社会治理”不是“治理社会”，不能单纯地按照从前的管理模式再次陷入社会问题突发的怪圈。治理社会是把社会当作被管理的对象，而社会治理强调的是将“社会”作为主导，实现由“社会”治理社会本身，二者有着本质的区别。社会治理的目标必须摆脱社会管理目标只强调的“稳定”。以前我们强调稳定压倒一切，为实现稳定不惜依靠暴力手段压制和打击矛盾。社会治理从根本上也需要稳定，但是现在的稳定离不开协商、对话与合作，需要促进民主发展，将群众的力量汇聚到民生建设当中，切实听取人民的意见，在保证既要做到从群众角度出发又能从社会发展大局决策的基础上进行。只有通过加强民主建设的方式才能真正为百姓谋福利、为群众排忧解难，社会和谐稳定的问题自然迎刃而解。

因此，要把培育和践行社会主义核心价值观作为社会治理的重要内容，将其融入到制度建设和治理工作中，善于运用“人民群众自己解放自己”的思维，推动民主化、法制化建设，树立公平、公正、团结、友爱的治理目标，畅通和规范群众诉求表达、利益协调、矛盾调解、权益保障渠道，切实维护社会和谐稳定。要完善社会激励机制，褒奖诚实守信、见义勇为，实现优化社会治理和提升道德素质的“双赢”，在全社会形成争做善行义举的文明氛围。要完善各行业公约、守则、规范，强化规章制度实施力度，使正确行为得到鼓励、错误行为受到谴责，在日常治理中鲜明地彰显社会主流价值。

（四）加强对培育和践行社会主义核心价值观的组织领导

培育和践行社会主义核心价值观，要坚持领导亲自抓，社会共参与。各级党委和政府、各党员干部要充分认识价值观的重要性，从我做起、从自身做起加强对工作的组织领导，要带好头开好路，为全社会形成践行社会主义核心价值观风气创造有利条件。

有没有好的领导决定了培育和践行社会主义核心价值观工作是不是一帆风顺。工作开展的力度有多强，社会对核心价值观的认识怎么样，考验了各级党委和政府干部的领导能力。过去我们强调的是抓 GDP 数据、抓经济增长、抓民生建设、抓社会稳定，往往忽视社会的文化需求和文明建设，现在我们强调不仅重视物质文明建设，更要搞好精神文明风尚。培育和践行社会主义核心价值观不是一蹴而就的事情，要看到该任务的长期性、艰巨性、复杂性。各级党委和政府一定要把培育和践行社会主义核心价值观的任务摆上重要位置，明确工作方向，制定具体策略，为全社会营造良好氛围，切实肩负起政治责任和领导重担。党的十八大着重强调了党的自身建设，强调了经济建设、政治建设、文化建设、社会建设、生态文明建设五位一体，要把培育和践行社会主义核心价值观融入到这些具体建设的方方面面，与实际工作相互促进。建立健全培育和践行社会主义核心价值观的领导体制和工作机制，加强统筹协调，加强组织实施，加强督促落实，提高工作科学化水平。

党员干部要以身作则、率先垂范，做培育和践行社会主义核心价值观的模范。党员干部的一言一行是社会整体行为的风向标，上“可行”，下才“可效”，才会赢得广大人民群众的信任和拥护。革命战争时期，我党军纪严明、作风优良，不拿群众一针一线，不取人民半分半毫，广受群众的拥戴。当前随着经济发展物质充足，一些党员干部思想开始腐化堕落，给群众利益带来巨大损失。我们要秉承前辈流传下来的优良传统，坚持讲群众观点，坚决走群众路线，讲党性、重品行、作表率，为民、务实、清廉，以人格力量感召群众、引领风尚。党员干部要加强自我思想教育，以社会主义核心价值观坚定中国特色社会主义共同理想和共产主义的伟大信仰，增强党员干部坚持不懈为全面建成小康社会、为实现中华民族伟大复兴中国梦而奋斗的责任感。

培育和践行社会主义核心价值观是全社会的共同责任，单纯的某个群体、某个组织、某个机构、某个人都不能支撑起这个艰巨的任务，谁也不是旁观者，每个人都是参与者。要坚持全党动手、全社会参与，把培育和践行社会主义核心价值观同各领域的行政管理、行业管理和社会管理结合起来，形成齐抓共管的工作格局。党的宣传部门要切实担负起组织指导、协调推进的重要职责，引导好社会舆论的方向，各地区各部门配合宣传部门工作，制定相关制度和措施，落实工作责任制，把社会主义核心价值观的宣传以不同形式不同方法向社会推广。各级工商联、各级青、工、妇等人民群众团体要发挥好党和群众密切联系的桥梁和纽带作用，在培育和践行社会主义核心价值观上积极沟通配合，形成统一战线。团结各民主党派和各知识界组织，鼓励、支持、引导其在社会各领域用主流价值文化阐释社会问题，创造文艺作品。要把城乡基层当作培育和践行社会主义核心价值观的重要依托，把社会主流价值“融入基层党组织建设、基层政权建设中，融入城乡居民自治中，融入人们生产生活和工作学习中，努力实现全覆盖，推动社会主义核心价值观不断转化为社会群体意识和人们自觉行动。充分发挥工人、农民、知识分子的主力军作用，发挥党员、干部的模范带头作用，发挥青少年的生力军作用，发挥社会公众人物的示范作用，发挥非公有制经济组织和新社会组织从业人员的积极作用，形成人人践行社会主义核心价值观的生动景象”。①

---

① 《关于培育和践行社会主义核心价值观的意见》，人民出版社，2013版，第22页。

后　记

培育和践行社会主义核心价值观，是推进中国特色社会主义伟大事业、实现中华民族伟大复兴中国梦的战略任务。党的十八大提出的“三个倡导”的社会主义核心价值观，为我们进一步培育和践行社会主义核心价值观奠定了理论基础。本书为了贯彻和落实中共中央《关于培育和践行社会主义核心价值观的意见》，综合了以往理论界、学术界的研究成果，对什么是社会主义核心价值观、培育和践行社会主义核心价值观的重要意义、社会主义核心价值观的主要内容、培育和践行社会主义核心价值观中存在的问题、培育和践行社会主义核心价值观的有效途径等方面作了研究和探讨。在写作中，我们尽可能地做到简明扼要、通俗易懂、深入浅出、生动活泼，使读者能通过本书的学习达到对社会主义核心价值观的深入了解。

《培育和践行社会主义核心价值观读本》一书是应济南出版社之约，邀请高校、社会科学院和党校的部分专家学者编写的。本书各部分的编写分工如下：第一部分，社会核心价值观与社会主义核心价值体系，由山东社会科学院文化研究所所长、研究员涂可国编写；第二部分，培育和践行社会主义核心价值观的重要意义，由中共山东省委党校哲学教研部教授于炳贵编写；第三部分，社会主义核心价值观的内容分析，由中共山东省委党校哲学教研部主任、教授张友谊编写；第四部分，培育和践行社会主义核心价值观中存在的问题，由中共山东省委党校哲学教研部副教授焦丽萍编写；第五部分，培育和践行社会主义核心价值观的有效途径，由山东交通学院社会科学部教授杨淑玲编写。全书的提纲和统稿任务由张友谊完成。

本书在写作和出版过程中，得到了济南出版社领导和编辑们的大力支持，他们为本书的顺利出版付出了艰辛的劳动，借此机会表示衷心的感谢！

本书在写作过程中，参考、吸收和借鉴了国内外学者和专家的研究成果，除了尽可能地在书中注明所借鉴观点、论述的出处外，还借本书出版之际，向这些专家、学者表示衷心的感谢！

由于时间的紧促和作者水平有限，本书难免存在纰漏和谬误之处。在此，我们也恳请各位专家、学者和广大读者提出宝贵意见。

编写组

2014 年 3 月